JN000910

若者が選んだ
安倍晋三100のことば

安倍晋三デジタルミュージアムプロジェクト

GENTOSHA

序文

7月8日は多くの人々が悲しんだ日でした。私たちのリーダーが凶弾に斃《たお》れ、志半ばで悲劇の最期を遂げました。喪失感、悲しみ、前途への不安は今も続いているように思えます。

安倍晋三元総理は、美しい国づくり、戦後レジームからの脱却、アベノミクスと経済再生、積極的平和主義、自由で開かれたインド太平洋、一億総活躍社会、教育再生、震災復興、拉致問題、憲法改正への議論など、憲政史上最長の在任期間で多くの国家的課題に取り組まれました。

多くの課題に挑戦する中で、安倍元総理は数多《あまた》の「ことば」を遺しました。未来への不安が尽きない今日こそ、その力強い「ことば」は私たちが前へ一歩進むためのヒントになる。

その想いから、一周忌を契機に、若者有志で安倍元総理の数多のスピーチ、国会答弁、論文をまとめ、それらの中から、後世に遺したい、自らの指針としたい

「ことば」を選ぶ取り組みを始めました。中高生から若手社会人を中心に多くの方々に参画いただき、この度、書籍化する運びとなりました。

本書では、若者が選んだ「ことば」から、「リーダーの信念」「挑戦する言葉」「日本を語る」「日本と世界」「次世代」に関する語句を中心に100篇を選定し、選んだ理由や、解説補足として演説が行われた背景や編者の感想を加えました。

安倍元総理は、政治は未来のためにあると考えていました。未来を担う若者が自ら「ことば」を選び、志や問題意識を考え、改めて言語化する。この取り組みに価値があると私たちは考えます。若者それぞれが「選んだ理由」を掲載している点も本書の特徴の一つです。

私たちの未来は、過去や歴史と地続きにあります。言い換えれば、安倍元総理が取り組まれた時代の先に私たちの人生があります。「安倍総理の時代」、その事績と意味を辿り、自分なりに問うことを経て、あの日から次の一歩を真に踏み出せるといえるのではないかと思います。

芝増上寺《しばぞうじょうじ》の告別式で安倍昭恵夫人は、安倍元総理が敬愛した吉田松陰の四時《しじ》の循環（『留魂録』）を踏まえ、「政治家としてやり残したことはたくさんあったと思うが、本人なりの春夏秋冬を過ごして、最後、冬を迎えた。種をいっぱいまいているので、それが芽吹くことでしょう」と述べられました。

あれから時がたち、もうまもなく三回忌を迎えます。受け継ごうとする人がいる限り、その志は消えることなく、種が芽吹くかどうかは私たちが何をするかにかかっています。

本書が自分と未来に向き合うきっかけの一つとなればそれに勝る喜びはありません。

安倍晋三デジタルミュージアムプロジェクト
発起人　徳本進之介

若者が選んだ安倍晋三100のことば　目次

第1章

リーダーの信念

01

私たち一人ひとりが、みずから立って前を向き、未来は明るいと信じて前進することが、次の、そのまた次の世代の日本人に、立派な国、強い国を残す唯一の道です。

2013.2.28
第183回国会　施政方針演説

選んだ理由

「みずから立って」「信じて前進すること」という表現からは自立心と行動力の重要性を感じました。そして「一人ひとり」の行いが「立派な国、強い国」に繋がるという信念に深い共感を覚え、この言葉を選びました。強い日本を作るのは、ほかの誰でもなく、私たち自身だというメッセージは今日にも当てはまります。

（30代・男性）

解説補足

東日本大震災から2年が経とうとしていた冬の最中、再登板後はじめての施政方針演説の言葉です。「強い日本を創るのは、ほかの誰でもありません。私たち自身です」という表現は、ひと月前の所信表明演説の終わりと、この施政方針演説の冒頭に使われました。「未来への当事者意識」こそ、安倍元総理が再登板にあたり強調したいメッセージであったと思います。

02

アベノミクスと、ひとはこれを呼び、経済政策として分類します。私にとってそれは、経済政策をはるかに超えたミッションです。未来を担う、新しい日本人を育てる事業にほかなりません。

2014.5.30
第13回アジア安全保障会議

選んだ理由

アベノミクスは「未来を担う、新しい日本人を育てる事業」という考えに強い思いを感じました。あるべき姿の一つとして「昔ながらの良さを、ひとつとして失わない、日本人」と表現したことにも深く共感し、この言葉を選びました。一人ひとりが日本人として大事なものを持ち、立ち上がることが、まさに求められていることだと感じています。(30代・女性)

解説補足

安倍元総理はアベノミクスを「新しい日本人を育てる事業」と定義しました。新しい日本人とは、昔ながらの良さをひとつとして失わない日本人、日本をアジア・太平洋地域の意欲ある若者にとって希望の場所とすることに価値と生きがいを見出す日本人、地域の平和と秩序の安定を自らの責任として担う気構えがある日本人です。アベノミクスは経済政策に留まるものではない。安全保障会議で「人づくり」を強調したことの意味は深いと考えます。

03

将来を悲観し、内へ、内へと閉じこもる日本人を育ててしまうなら、それは世界に対する責任の放棄になります。一国のリーダーに、決して許されないことだと思いました。

2013.5.23
第19回国際交流会議「アジアの未来」

選んだ理由

日本の停滞は世界やアジア地域にも大きな負の影響を与えかねないというメッセージからは、真のリーダーの矜持を感じました。リーダーとして国に対しては勿論、世界に対してもノブレスオブリージュを果たしたいという気持ちが心に残りました。私も、もっと広い視野を持ち、日本人として生きていきたいと感じました。(20代・男性)

解説補足

「アジアの国々で、若者たちは未来の可能性を信じて前進している、まさにその時、日本の同年代だけが、いつまでも、うつむいていていいのだろうか」と問います。日本経済が縮み込むことで、アジアにとって大切なコモンズである海を法とルールの支配する場所として保つための努力が十分にできなくなる可能性があると懸念します。日本人を育てること、強い経済を取り戻すこと、アジア地域の繁栄は、別々ではなく、相互に関連するものとして捉えていたのだと推察します。

04

平和は決して人から与えられるものではありません。我々の手で勝ち取るものです。
自らの手で自らを守る気概なき国を、誰も守ってくれるはずがない。

2018.3.18
平成29年度 防衛大学校卒業式

選んだ理由

当時はロシアによるウクライナ侵攻前で、日本を自分たちで守るのだとの意識は今ほど浸透していなかったと思う。その中であっても、日本を守るのは自分たちの努力にほかならないと訓示で示したことは、先見の明があったと思います。

（20代・男性）

解説補足

訓示では「日本を取り巻く安全保障環境は、当時我々が想定したよりも格段に速いスピードで厳しさを増しています」との認識を示し、自衛隊を「平和を求める日本の揺るぎない意志と能力を明確に示すもの」と表現しました。翌週の海上保安大学校卒業式では２０１７年11月の北海道沖、松前小島での北朝鮮船の窃盗事件、２０１６年8月の尖閣諸島周辺海域での中国漁船、中国公船の領海侵入における緊迫した対応が取り上げられています。

05

頑張った人が報われ、
今日よりも明日の生活が良くなると
実感できる日本経済を取り戻す。

2013.1.1
平成25年　年頭所感

選んだ理由

難しい言葉ではなく、国民目線に立っている言葉だと感じました。シンプルな言葉ではありますが、頑張った人が報われること、明日の生活が良くなることは、国民の一人ひとりが望んでいることだと思い、この言葉を選びました。（20代・男性）

解説補足

この半年後、安倍元総理は日本を瑞穂の国として説明し、「頑張った人が報われる真っ当な社会がそこには育まれてきました」と述べます。春に種を蒔き、秋に収穫する。短期的な「投機」に走るのではなく、四季のサイクルに合わせながら、長期的な「投資」を重んじ、実体経済を成長させていく。安倍元総理が考える経済と倫理の関係性にも注目です。

06

まずは強い経済を取り戻していくことです。
成長していこうとする気概を失った国に、未来はありません。

2013.1.1
平成25年 年頭所感

選んだ理由

成長する気概を持つ国であるためには、国民一人ひとりが成長する気概を持つことが必要だと感じました。私自身も成長する気概を失ったら未来はないと思いますので精進を続けていきます。（30代・男性）

解説補足

強い経済を取り戻すとは単なるデフレ、円高対策に留まるものではなかった。緊急経済対策決定後の記者会見（1月11日）では、縮小均衡の再分配から成長による富の創出へマインドの転換が強調されました。所信表明演説（1月28日）では「私が何故、数ある課題のうち経済の再生に最もこだわるのか。それは、長引くデフレや円高が、頑張る人は報われるという社会の信頼の基盤を根底から揺るがしていると考えるからです」と語りかけます。

07

矢継ぎ早に政策を実現することで、成長していく。明るい未来を目指し、国民一丸となって強い日本を取り戻していこうではありませんか。

2013.1.1
平成25年　年頭所感

選んだ理由

東日本大震災の傷も癒えない中での「強い日本」「国民一丸となって」という表現から、どんな逆境であっても、前を向いて進む気概を忘れてはならないという強い意志を感じました。日本を取り戻すのは私たち国民なのだというメッセージは、今を生きる私たちにも通ずるものがあり、感銘を受けました。（20代・男性）

解説補足

２０１２年末に第二次政権が発足し、新年早々に日本経済再生本部を立ち上げ、経済財政諮問会議を再起動しました。補正予算による財政支出13兆円、総事業費20兆円超による実質ＧＤＰ底上げと雇用の創出、２％の物価上昇率目標を明記した政府・日銀共同声明の発表など、これらの施策はいずれも総理就任後わずか１ヶ月以内に発表されました。

08

国民の皆様とともに、「美しい国、日本」をつくっていくために、全力を尽くしていく。
そのためには、教育の改革、再生が必要であり、これを私の内閣の最重要課題にしていく。

2006.12.19
記者会見

選んだ理由

「国民の皆様とともに、『美しい国、日本』をつくっていく」という言葉に、自分一人で変えるのではなく、国民の一人としてより良くしていこうという考えがあると感じました。教育の改革、再生という先を見据えた課題に取り組んでいることにも共感を覚え、この言葉を選びました。（20代・男性）

解説補足

２００６年9月の所信表明演説で「美しい国、日本」を以下のように説明しました。（１）文化、伝統、自然、歴史を大切にする国、（２）自由な社会を基本とし、規律を知る、凛とした国、（３）未来へ向かって成長するエネルギーを持ち続ける国、（４）世界に信頼され、尊敬され、愛される、リーダーシップのある国。その礎となる「教育の再生」ではこの臨時国会中に59年ぶりの改正教育基本法が成立し、公共の精神、自立の精神、道徳、地域や国に対する愛着・愛情が盛り込まれました。

09

あの戦争には何ら関わりのない、子や孫、そしてその先の世代の子どもたちに、謝罪を続ける宿命を背負わせてはなりません。

2015.8.14
内閣総理大臣談話（終戦70年）

選んだ理由

戦後レジームからの脱却を掲げ、様々な成果を残された安倍先生を象徴する一文だったから。先生の後をぼくたち若い世代が継いでいかなければならない。

（20代・男性）

解説補足

終戦70年の内閣総理大臣談話からはドイツ終戦40年、ヴァイツゼッカー大統領の「荒れ野の40年」演説が想起されます。「あの戦争には何ら関わりのない、子や孫、そしてその先の世代の子どもたちに、謝罪を続ける宿命を背負わせてはなりません。しかし、それでもなお、私たち日本人は、世代を超えて、過去の歴史に真正面から向き合わなければなりません」という表現には、「かつて起こったことへの責任は若い人たちにはありません。しかし、歴史のなかでそうした出来事から生じてきたことに対しては責任があります」と共通の歴史への処し方があるように感じました。8月は私たち日本人にしばしば立ち止まることを求めます。

10

世界の真ん中で輝く日本、希望にあふれ誇りある日本を創り上げる。その大きな夢に向かって、この七年間、全力を尽くしてきました。夢を夢のままで終わらせてはならない。

2020.1.20
第201回国会　施政方針演説

選んだ理由

「世界の真ん中で輝く日本」「夢を夢のままで終わらせてはならない」という言葉が印象的でした。安倍元総理が志半ばで倒れた今、この言葉を現実のものにできるかは、若い世代である私たちが何をするかにかかっています。この大きな夢を叶えられるよう、一人の日本人としてこれからを生きていくと決意を新たにしました。（20代・男性）

解説補足

この演説の後、世界はコロナ感染症との戦いに突入し、日本も東京オリンピック・パラリンピックの延期を決定しました。2020年8月には潰瘍性大腸炎の再発も一因となり、7年8ヶ月続いた安倍政権は退陣となりました。兇弾に倒れた今、「夢を夢のままで終わらせてはならない」という安倍元総理の言葉は、今日の私たちに対する問いかけのようにも感じられます。

11

共助や公助の精神は、単にかわいそうな人を救うということではありません。

懸命に生きる人同士が、苦楽をともにする仲間だからこそ、何かあれば助け合う、そのような精神です。

2013.2.28
第183回国会　施政方針演説

選んだ理由

個人同士、個人と行政、様々な相互作用の中に助け合いがありますが、現代では一人ひとりの心の余裕がなくなっているからか、助け合いの精神を見失っている気がします。安倍先生が示された助け合いの精神は、しっかり意識すべきだと思い選びました。（20代・男性）

解説補足

この言葉は第二次安倍政権で初めての施政方針演説の冒頭部分になります。被災地に対して「今を懸命に生きる人たちに、復興を加速することで応えていかねばなりません」と述べます。福沢諭吉の「一身独立して一国独立する」「人を束縛して独り心配を求めるより、人を放て共《とも》に苦楽を与にするに若《し》かざるなり」という言葉を引用し、「一身の独立を唱えた福沢諭吉も、自立した個人を基礎としつつ、国民も、国家も、苦楽をともにすべきだと述べています」と語りました。

12

批判を受ければ受けるほど、「やってやろう」と闘志が湧いてきます。

2015.12.14
内外情勢調査会

選んだ理由

私が周囲から浮こうともチャレンジし続けるのは、安倍さんのような闘志あふれるリーダーの軌跡が、繰り返し胸を熱くするからです。私にとって安倍さんは、単なる処世の術ではなく、人生の懸け方を見せてくれる永遠の先達です。（30代・女性）

解説補足

2015年ラグビーW杯の日本vs南アフリカ戦のエピソードが紹介されました。五郎丸歩選手は当初は勝てると思っていなかったが、ヘッドコーチだけが勝てると言い続け、試合の1週間前には、自分も勝てると思えるようになったとのことです。2015年秋に安倍内閣が掲げた「一億総活躍」について「誰もが活躍できる一億総活躍社会をつくる。これはできるか、できないかではありません。やるしかないんです」と強い決意を表明しました。

13

私のポリシーはNever up, Never in。
常に狙っていく。
「きざむ」という言葉は私の辞書に
はありません。

2017.2.10
日米共同記者会見

選んだ理由

検索するまで意味が分からなかったこの言葉に、安倍元総理の強いチャレンジ精神を感じました。きざみにいきやすい私もポリシーにしたいと思い、この言葉を選びました。今後は、やる前から気持ちで負けぬよう心がけていきます。（30代・男性）

解説補足

Never up, Never inという言葉は19世紀のプロゴルファー、トム・モリスが遺したゴルフの格言です。「届かなければ、決して入らない」。カップを通り越してしまうのではと恐れて打つようではチャンスをものにできないことを指します。安倍元総理にはほかにも「迷わずアドレスを決め、センターに向かって振り抜くこと」などゴルフに因《ちな》む発言があります。ちなみに安倍元総理のベストスコアは、「国家機密」としてきましたが、２０１７年ミス・ユニバース日本代表との面会で79だと明かされています。

14

私の世代でこの問題に終止符を打つ決意でのぞみたい。

2016.12.12
北方領土元島民との面会

選んだ理由

「私の世代」が起こした問題ではないにもかかわらず、「私の世代」で解決し、次の世代に先延ばしにしない責任感の強さを感じ、この言葉を選びました。自分のしたことではなくとも、問題があるなら率先して解決を図りたいと思います。より良い社会を作ることができるのは私たち自身です。（30代・男性）

解説補足

2016年12月、首相公邸で元北方領土島民の方々と面会したときの言葉です。この後、山口県長門市と東京でロシアのプーチン大統領との首脳会談に臨みました。日露共同記者会見では、「領土問題について、私はこれまでの日本の立場の正しさを確信しています。…しかし、互いにそれぞれの正義を何度主張し合っても、このままではこの問題を解決することはできません。次の世代の若者たちに日本とロシアの新たな時代を切り拓くため、共に努力を積み重ねなければなりません」と述べました。

15

日々の支持率に一喜一憂することなく、与えられた使命に全力を尽くしていきたいと思っています。

2020.5.25
記者会見

選んだ理由

コロナ対策では、日本の施策について海外と比較した多くの議論がありました。個別の施策の検証は必要かと思いますが、与えられた使命に全力投球するという仕事の姿勢として共感したのでこの言葉を選びました。私も信念を持って日々仕事したいと思います。（20代・女性）

解説補足

緊急事態宣言が解除されたタイミングでの記者会見の言葉です。4月7日の緊急事態宣言発出時の記者会見では、東日本大震災での経験を踏まえ「つらく、困難な日々の中で、私たちに希望をもたらしたもの、それは人と人の絆《きずな》、日本中から寄せられた助け合いの心でありました。今、また私たちは大きな困難に直面しています。しかし、私たちはみんなで共に力を合わせれば、再び希望を持って前に進んでいくことができる」と述べていました。

16

今を生きる私たちもまた、令和の新しい時代、その先の未来を見据えながら、この国の目指す形、その理想をしっかりと掲げるべきときです。

2019.10.4
第200回国会 所信表明演説

選んだ理由

この国の目指す形、理想を次の世代に残すため、次は私たちが日本のためにできることをやりたいと思います。安倍元総理は「国の理想、形を物語るのが憲法」と仰っておられた。どのような国であるべきなのか、それを形にして日本を次世代に繋げたい。(20代・女性)

解説補足

この演説で「現状に甘んずることなく、未来を見据えながら、教育、働き方、社会保障、我が国の社会システム全般を改革していく。令和の時代の新しい国創りを、皆さん、共に、進めていこうではありませんか」と呼びかけました。また「その道しるべは憲法です。令和の時代に、日本がどのような国を目指すのか。その理想を議論すべき場こそ、憲法審査会ではないでしょうか」とも述べていました。

17

私が死生観の根本に置いているのは、郷土、長州の幕末の思想家、吉田松陰先生の留魂録の一節です…四時の循環という一節があります。

2004.12.10
寄稿

選んだ理由

「本人なりの春夏秋冬を過ごして、最後の冬を迎えました。種をいっぱい撒いているので、それが芽吹くことでしょう」という昭恵夫人の告別式での言葉は「四時の循環」に由来していると聞きました。「四時の循環」は父・安倍晋太郎が67歳で亡くなった際に、偲ぶ会で安倍晋三元総理が紹介した言葉でもあったとのことです。（30代・男性）

解説補足

吉田松陰が刑死前に書いたとされる留魂録の一節です。私が平静な気持ちで死を迎えることができるのは、春夏秋冬の四季の循環を考えているからだと述べ、20歳で死ぬ者には20歳の四季が、30歳で死ぬ者には30歳の四季がある、10歳だから短く、１００歳だから長いわけではない、と続きます。そして松陰自身はすでに30歳にして四季を生きたとし、「後来ノ種子未ダ絶ヘズ」つまり、同志が私の志を継いでくれるなら、それは蒔いた種が立派に育つことになると書き残しました。

18

未来は開かれているとの信念のもと、たじろぐことなく、改革の炎を燃やし続けてまいります。

2006.9.29
所信表明演説

選んだ理由

一国のリーダーがどんな困難にも屈しない強い意志で改革へのコミットメントを宣言し、より良い未来を目指す姿勢に希望と勇気を感じたため選びました。私自身も、変化を恐れず、挑戦する意志の強さをもって今後の人生を歩んでいきたいと思います。（20代・女性）

解説補足

第一次政権の所信表明演説の言葉です。この演説は自らの政治姿勢を国民、議員に明らかにするところから始まります。「私は、特定の団体や個人のための政治を行うつもりは一切ありません。額に汗して勤勉に働き、家族を愛し、自分の暮らす地域やふるさとをよくしたいと思い、日本の未来を信じたいと願っている人々、そして、すべての国民の期待にこたえる政治を行ってまいります」。安倍元総理52歳の頃の言葉です。

19

戦前戦中生まれの鍛えられた世代、国民や国家のために貢献したいとの熱意あふれる若い人たちとともに、日本を、世界の人々があこがれと尊敬を抱き、子供たちの世代が自信と誇りを持てる「美しい国、日本」とするため、私は、先頭に立って、全身全霊を傾けて挑戦していく覚悟であります。

2006.9.29
所信表明演説

選んだ理由

私が生まれた時点で、すでに戦後の復興は遠いものとなっていました。日々の生活では、今の環境が当たり前のように感じてしまいますが、この平和があるのはこれまでの先人たちのご尽力のおかげだと思います。私も自分の子供たちの世代に今よりも少しでもよい環境を残してあげたいとの想いからこの言葉を選びました。（20代・女性）

解説補足

続く施政方針演説では「私は、日本を、21世紀の国際社会において新たな模範となる国にしたいと考えます。そのためには、終戦後の焼け跡から出発して、先輩方が築き上げてきた、輝かしい戦後の日本の成功モデルに安住してはなりません」と語ります。安倍元総理は、憲法を頂点とした、行政システム、教育、経済、雇用、国と地方の関係、外交、安全保障などの基本的枠組み（戦後レジーム）の大胆な見直し、新たな船出が必要だと述べました。

20

不可能だと諦める心を打ち捨て、わずかでも可能性を信じて行動を起こす。一人一人が自信を持ってそれぞれの持ち場で頑張ることが、世の中を変える大きな力となると信じます。

2014.1.24
施政方針演説

選んだ理由

憲政史上最長の在任期間を築いた安倍元総理に私は勝手なイメージを抱いていたかもしれないと気づかされた言葉であるため、選びました。この言葉からひしひしと伝わる情熱に驚きました。政権下での施策は歴史の中でこれから検証されていくかと思いますが、安倍元総理自身がどういう信念を持ち、挑戦したのかはもっと伝わっていいのではないかと思います。（20代・女性）

解説補足

安倍元総理の蔵書の『吉田松陰名語録』では、「士たる者は其の志を立てざるべからず。夫《そ》れ志の在る所、気も亦《また》従ふ」「願わくは心を尽くし力を尽くし、運を発して惜しむなかれ」という言葉に赤線が引かれていました。万事、志から出発する。心をつくし、努力をつくし、これまで蓄えた力を全て発揮して、出し惜しみなく挑戦する。その大切さを教える文章です。尊敬した吉田松陰の言葉が色濃く反映された一節だと考えます。

第 2 章

挑戦する言葉

21

「自ら反《かえ》りみて縮《なお》くんば、千万人と雖《いえど》も吾《われ》往《ゆ》かん」この孟子の言葉を胸に、私は、国民国家のためであれば、批判を恐れずに行動する、「闘う政治家」でありたいと考え、実践してきました。

2013.4.3
第47回 国家公務員合同初任研修開講式

選んだ理由

この訓示全体から安倍元総理の若者に対する強い期待と激励を感じます。安倍元総理が日本を国家の危機から再生させるために、どんな覚悟や信念を抱き日々を過ごしているのか、次の時代を担う私たちの世代に、背中で示してくださいました。国を守る当事者の一人として、自らが正しいと信ずる道は、今後も切り拓く所存です。（30代・男性）

解説補足

「闘う政治家」という言葉は著書『美しい国へ』の冒頭にもあります。対独開戦を政府に迫った英国グリーンウッド議員の名演説を踏まえ、「それは闇雲に闘うことではない。speak for Japan という国民の声に耳を澄ますことなのである」と述べた。安倍元総理にとって「闘う」前提には国民の声に耳を澄ませることがありました。訓示でも「闘う公務員」を目指すと同時に、周囲への感謝の気持ちの先に真に国民目線での仕事があると語っています。

22

今どれほど難題が待ち構えていようとも、目を背けることなく、み雪に耐えて色を変えない松のように、私達の大切な国をもっとよい、美しい国にしていく責任を背負っています。

2013.4.28
主権回復・国際社会復帰を記念する式典

選んだ理由

国際情勢の混沌、将来への不安が募る現在だからこそ、この言葉を選びました。これからも多くの試練が立ちはだかると思いますが、私たち自身が日本人として生まれてきた使命を自覚し、他人任せにせず、美しい日本を取り戻すために行動していくことで安倍さんの遺志を引き継いでまいります。（20代・女性）

解説補足

「ふりつもる　み雪にたへて　いろかへぬ　松ぞををしき　人もかくあれ」。この御製は昭和天皇が終戦の翌正月にお詠みになられたものです。しんしんと降り積もる雪の中、鮮やかな緑の色を留めている松の力強さが情景として浮かび上がります。そして「人もかくあれ」という言葉に強い想いを感じます。サンフランシスコ講和条約で主権回復する以前となる終戦後の御製をまず紹介し、ついで主権回復に際する国会決議、奄美、小笠原、沖縄の施政権について言及がなされました。

23

実行なくして成長なし。
アクションこそが、
私の成長戦略です。

2013.9.25
ニューヨーク証券取引所での講演

選んだ理由

総理大臣はその一挙手一投足が常に全国民、全世界に注目され、その重圧は私たちの想像を遥かに超えるものだと思います。そのような中で、「実行し続ける」というのは相当な覚悟が必要ですが、実際に安倍元総理は多くの政策を実行してきました。私はそこに安倍元総理の信念を感じ、そして勇気をもらいました。

（20代・男性）

解説補足

ウォール街の講演で安倍元総理は「世界第3位の経済大国である日本が復活する。これは、間違いなく世界経済回復の大きな牽引役」になると語り、ゴードン・ゲッコー風に「Buy my Abenomics」と結びました。第二次政権発足直後（２０１２年末）の日経平均株価は１万３９５円でしたが、わずか１年で１万６２９１円（２０１３年末）へと50％強も上昇しました。２０２４年２月にはバブル期の最高値を更新、３月には日経平均株価は４万円へ到達しました。

24

勇敢で、果断な判断、実行こそが、苦境を乗り越える唯一の選択でしょう。

2013.6.19
ロンドンでの講演

選んだ理由

苦境を乗り越えるためには、勇敢で果断な判断、実行こそ採るべき道であると安倍元総理は語りました。これは全ての人にとって困難な状況を乗り越えるための励ましの言葉になると感じました。多くの人が苦境を乗り越え成長し、日本のために貢献していくことで、より良い国に繋がると思い、この言葉を選びました。

（20代・女性）

解説補足

英国シティ・ギルドホールの講演は、高橋是清のデフレ対策を改めて語り、強い政治的意志の重要性を説くところから始まります。「日本は、ルールに基づいた平和で安定した世界秩序を育てる責任を負う国です。そんな国が縮んでしまうことは、それ自体が、既に一種の罪だとも言えます」「今度こそ、日本をいい国、強い国にして、次の世代へ渡すことができないようでは、今まで生きてきた意味がありません」との言葉に強い政治的意志を感じました。

25

一番成功する可能性が高い人間は、一度失敗した人間です。失敗した人間は、何を改めればよいか、分かっているからです。

2014.5.6
OECD閣僚理事会

選んだ理由

失敗は成功のもと。分かってはいても、いざという時、なかなか行動に移すのは難しいです。一度辞任し、二度目の再登板があった安倍元総理が語るこの言葉には説得力があり、強い共感を覚えたとともに、挑戦する勇気を与えてくれました。（10代・女性）

解説補足

安倍元総理の蔵書の中には『修身教授録』（森信三）があります。「人間苦しい目に出遭ったら、自分をそういう目に遭わせた人を恨むよりも、自分のこれまでの歩みの誤っていたことに気がつかねばなりません」「失敗を成功以上に生かす人間こそ、真に畏るべき人間であります」という言葉には赤鉛筆で線が引かれていました。潰瘍性大腸炎で総理大臣を辞任した後、地元でミニ集会を300回以上開催する傍ら、自身でつけていた反省ノートがあったと聞きます。安倍元総理は別の会合で「挫折は大いなるキャリアである」とも述べています。

26

空疎な１００の言葉よりも意味のある一つの結果を大切にしていきたい。政策実現のスピード感と実行力を安倍内閣では何よりも重視してまいります。

2013.1.4
平成25年　年頭記者会見

選んだ理由

安倍総理は、人を動かす言葉の力を信じていたと思いますが、空疎な言葉に意味はないと強く感じていたのでしょう。魂を込めた言葉によって人を動かし、政策を実現し、結果を出すことを大切にされてきたのだと、リーダーは結果責任をとるべきだという覚悟の強さを感じました。（20代・女性）

解説補足

第96代の内閣総理大臣を拝命して10日目の言葉です。政治の信頼を取り戻し、未来へ向けた新たな国づくりに邁進《まいしん》していく決意を感じます。以前には「思想家ではない政治家に求められるのは、理念や理想をあくまで追求することではなく、現実の世界で結果を出すことだ。そういう大きな判断を政治家はしていかなくてはならない」とも述べており、安倍元総理の政治に対する考え方が分かる言葉だと思います。

27

世の中は、私たちが望むと望まざるとにかかわらず、絶えず「変化」を続けています。ですから、どうか、昨日までの「常識」を、常に疑ってください。そして、時代に応じて「変化」することを恐れないでください。

2016.9.12
第50回自衛隊高級幹部会同

選んだ理由

直前に岡倉天心の「変化こそ、唯一の永遠である」という言葉を引用し、変わりゆく世界の中で日本の平和を守り続けるには、自衛隊自身も変化を遂げるべきことを問うています。変化の重要性は、私たちにも当てはまるのではないかと感じこれを選びました。（30代・女性）

解説補足

この訓示では「国民を守るという崇高な責務を担う我々には想定外は許されません」「昨日までの平和は、明日からの平和を保証するものではありません」「平和国家としての歩みを、これからも堅持していく。そのためにこそ常識の殻を打ち破り、改革へのチャレンジを続けてもらいたい」という言葉が印象的です。2016年1月に北朝鮮が4回目の核実験を行い、この3日前には5回目の核実験が実施されるという緊迫感が漂う中での訓示となりました。

28

過去を振り返っても、あるいは前政権を批判しても、今現在、私たちが直面している危機、課題が解決されるわけではありません。過去を振り切り、今から未来に向かって力強く第一歩を踏み出していきたい、こう考えています。

2012.12.26
内閣総理大臣就任記者会見

選んだ理由

過去に起きたことを嘆いているのではなく、これからの未来に向かって「力強く第一歩を踏み出していきたい」という言葉が強く心に響きました。今までのことより、これから、そしてその先にある社会を見据えるビジョンを持つ大切さを改めて感じました。（10代・女性）

解説補足

第二次政権が発足した日の記者会見の言葉です。安倍元総理は、東日本大震災からの復興、円高、デフレ対策など強い経済の再生、国益を守る・主張する外交を取り戻すこと、生命、領土、領海を守り抜く安全保障体制の強化、教育の再生、国民の命を守る国土強靭化対策、持続可能な社会保障制度の確立を喫緊の課題、危機的課題として挙げ、「我々は決断し、正しい政策を実行することによって成長していく」と力強く述べました。

29

未来は私たちの手で変えることができます。すべては私たち日本人の志と熱意にかかっている。

150年前の先人たちと同じように、未来は変えられると信じ、行動を起こすことができるかどうかにかかっています。

2018.1.1
平成30年　年頭所感

選んだ理由

明治維新から150年という節目の年の言葉です。未来を変えた幕末の志士たちから志と熱意を学び、その生き様を今に活かしたいと思いました。私たち若者こそ「未来は私たちの手で変えることができる」という言葉を信じ、日本を良くするために行動を続けたいと思います。（40代・男性）

解説補足

平成30年の年頭の所感は、明治初期にわずか6歳で岩倉使節団に加わった津田梅子の言葉から始まります。「高い志と熱意を持ち、少数だけでなく、より多くの人たちの心を動かすことができれば、どんなに弱い立場にある者でも、成し遂げることができる」。安倍元総理は150年前の明治日本の新たな国創りは、危機感と共に始まり、その原動力が一人ひとりの日本人にあったと述べました。

30

批判するだけの人間に、
価値はありません。

2013.3.17
平成24年度　防衛大学校卒業式

選んだ理由

短くシンプルな言葉ですが、今の日本人に足らないことを指摘していると思いました。気づかないうちに自分は批判屋、批評家になっていないか。ポジションに拘泥していないか。私は技術屋です。この言葉を胸に産業界の革新に貢献していきます。（20代・男性）

解説補足

米西戦争で自ら義勇兵を率い祖国のために戦場に飛び込んだ経験を持ち、後に米国大統領となるセオドア・ルーズベルトの言葉を引用したものです。訓示では「真に賞賛しなければならないのは、泥と汗と、血で顔を汚し、実際に現場に立つ者です。勇敢に努力する者であり、努力の結果としての、過ちや至らなさをも、持ち合わせた者です」という言葉も紹介されました。

31

ネガティブな何かを、ポジティブなものへ反転させる非連続的なイノベーション。
そこにこそ、実現の鍵があります。

2019.5.30
第25回国際交流会議「アジアの未来」

選んだ理由

地球規模の環境問題という大きな課題に対して、「非連続的なイノベーション」が必要という言葉に深く共感して、この言葉を選びました。私自身は新米ベンチャーキャピタリストですが、改めてイノベーションの源でもあるスタートアップへの投資や支援を通じて、大きな社会課題を解決していきたいと思いました。

(30代・男性)

解説補足

地球環境問題は、ただ規制によってのみ解決すべきものでなく、また解決できるものではないとの考えを示しました。別のスピーチでは「チャレンジが大きいなら、むしろそれだけイノベーションが花開く。私は、信じて疑いません」「人口が仮に減っても、イノベーションによって成長できるのだという第1号の証拠に、日本はなりたいものだと思っています」とイノベーションへの期待を寄せています。

32

困難は、元より覚悟の上です。しかし、「未来」は他人から与えられるものではありません。私たちが、自らの手で、切り拓いていくものです。

2016.1.1
平成28年 年頭所感

選んだ理由

「どんな困難があろうとも、重要課題を解決する道を、自ら切り拓く」という強いリーダーの信念を感じました。私たちが日々感じている困難においても、未来への希望と強い信念を持ち、乗り越えていく姿勢の大切さを教えていただきました。（20代・女性）

解説補足

２０１６年の年頭所感では一億総活躍社会に向けて戦後最大のＧＤＰ６００兆円、希望出生率１・８、介護離職ゼロという新しい目標が掲げられました。その後の1月4日の記者会見では江戸の各地に桜の苗木を植えた徳川吉宗、津波の被害を受けた岩手県の沿岸部での植樹に取り組む若者のエピソードを紹介し、「私も、日本の将来をしっかりと見据えながら、木を植える政治家でありたい」と語ります。苗木はすぐには花をつけません。花を咲かせる努力を絶えず続けることが重要なのだというメッセージが印象的です。

33

重要なことは、言葉を重ねることではありません、結果であります。百の言葉より一の結果であります。

2016.9.26
第192回国会 参議院本会議

選んだ理由

僕も勉強をすると言っただけで勉強せず、テストの点が取れなくなったことがあり、どんなに立派に聞こえる言葉を発しても結果を残さないと全く立派ではないということはとても納得できました。（10代・男性）

解説補足

政治家に求められるのは「現実の世界で結果を出すこと」だと安倍元総理は語っていました。また別の討論会では、「政策をしっかりと前に進めていこうという強い情熱をもっていなければならない。そして時には難しい判断を果断にしていく判断力が必要であります。同時に責任感。この政策を実行していこうという責任感だろうと思います」とも述べています。

34

いかに困難と思える課題でも、諦めない強い「意志」があれば、必ず乗り越えることができる。行動を起こすのに、遅すぎるということはありません。

2013.4.19
成長戦略スピーチ

選んだ理由

シンプルな言葉ですが、強い意志を持ち、直ちに行動することは、重要な第一歩だとすごく共感します。諦めない気持ちで、必ず困難を乗り越えていく。私の生き方を考える上で、心に響いたため、この言葉を選びました。（20代・男性）

解説補足

安倍元総理の蔵書『修身教授録』には、「人生を深く生きるということは、自分の悩みや苦しみの意味を深く噛みしめることによって、かような苦しみは、必ずしも自分一人だけのものではなくて、多くの人々が、ひとしく悩み苦しみつつあるのだ、ということがわかるようになることではないかと思うのです」という箇所に赤鉛筆で線が引いてありました。諦めない強い意志に自分の信念は勿論必要ですが、自分の悩みが多くの人々の抱える悩みであることを強く認識することでより確かなものに深化するのではないでしょうか。

35

最も大切なのは、未知の領域に果敢に挑戦をしていく精神です。皆さん、今こそ、世界一を目指していこうではありませんか。

2013.1.28
第183回国会　所信表明演説

選んだ理由

台湾大学の学生が「台湾有事は日本有事と言ってくれたのは安倍さんがはじめてで、本当の意味で台湾を大事にしようとしてくれる国はないなと思っていた中、その言葉を発してくれたことがうれしかった」と話していた。国際情勢がめまぐるしく変わる世の中で、未知の領域というものに果敢に挑む精神を忘れずにいたい。（20代・女性）

解説補足

この演説では「我が国が直面する最大の危機は、日本人が自信を失ってしまったことにある」とし、経済の再生、イノベーションなど強い日本への挑戦が語られました。外交では「外交は、単に周辺諸国との二国間関係だけを見詰めるのではなく、地球儀を眺めるように世界全体を俯瞰《ふかん》して、自由、民主主義、基本的人権、法の支配といった基本的価値に立脚し、戦略的な外交を展開していくのが基本であります」と、地球儀を俯瞰する外交が語られました。

36

今なぜという批判がありますが、今までなぜできなかったかということをむしろ問う。自分自身に問うべきではないか。それが政治家としての当然の責務ではないか、このように思います。

2002.5.23
第154回国会　衆議院　武力攻撃事態への対処に関する特別委員会

選んだ理由

普段の仕事を振り返った際に気づきがある言葉であるため選びました。何かに対して批判するのではなく、原因を自分なりに問うこと、そして自分自身に引きつけて考えることの大事さを学びました。私も業務をする中で、安易な批判に陥らず、当事者意識を持ち頑張ります。（20代・男性）

解説補足

有事の際、自衛隊が動くことについての法制度が不備である問題点に関して、情勢がなかなか政治決断に至らないことを踏まえての発言でした。有事法制について、森総理が２００１年の施政方針演説でその必要性を盛り込み、小泉総理にて事態対処法（有事関連三法）が成立しました。更なる有事法制の拡充として第一次安倍政権では２００７年に集団的自衛権に関する個別事例を研究する有識者会議が発足し、第二次政権では２０１４年、集団的自衛権の容認など平和安全法制等の整備へと繋がりました。

37

挫折によって、私は、やはりもう一度、国のために尽くすとはどういうことだということを深く考える時間が与えられたな、このように思います。

2013.3.12
第183回国会 衆議院予算委員会

選んだ理由

挫折は自分が変わるチャンスでもある。安倍元総理の生涯から私たちが学べることの一つは「挫折からのチャレンジ」だと思います。再登板に至るまで、様々な勉強会や地元でのミニ集会を重ねてきたと話を聞いたこともあります。私も挫折から学べる人間でありたいと思います。（20代・女性）

解説補足

第一政権での突然の退陣の後、安倍元総理は自戒の意味を込め、気づいた反省点や教訓等をその都度ノートに書き留めていたと言われます。挫折したからこそ、チャレンジをする。安倍元総理は別の答弁で「私は、政治家として大きな挫折を経験しました。だからこそ、私は、再び総理大臣として、日本のために全てをささげる覚悟であります」「前は、やはり大分若く、気負い過ぎていたところもあって、自分の思いは必ず通じる、このように信じていたところもあったわけであります」とも述べています。

38

挑戦しない人間は、失敗することもないでしょう。
しかし、誰もチャレンジしない国は、将来の発展などあり得ません。

2014.4.2
第48回 国家公務員合同初任研修開講式

選んだ理由

海外に留学していた際に、チャレンジや行動に関する感度が私と違うなと感じていました。仰る通り、誰もチャレンジしない国に発展はないと思います。チャレンジすること自体は目的ではないと思いますが、チャレンジする人が当たり前にいて、自然と応援する、そんな社会になるといいなと思いました。就職活動を控える中、私にできることを考えたいと思います。(20代・女性)

解説補足

この訓示では江戸時代の探検家・測量家の間宮林蔵について言及があります。彼は一度目の探検で大陸と樺太の間に海峡が存在していることを発見し、二度目の探検で大陸に渡り、アムール川の流域を調べました。彼は先住民族に捕らえられるなど、身を危険に晒しながらも、外国の支配がどのように及んでいるかを調査しました。与えられた任務を単にこなすだけでなく能動的に、未知の領域に果敢に飛び込んだエピソードを安倍元総理は訓示で紹介しました。

39

常に変革を求めていく気持ちこそ大切なものを結果として守っていくことにつながっていくのだろうと思います。

2014.10.3
第187回国会 衆議院予算委員会

選んだ理由

大切なものを守るためには、変わり続けなければならない。変革をするにしても、何が大切なものなのかをしっかり自覚していることが必要だと思います。そして大切なものを守るには、先人たちが積み上げてきたものの重みをしっかり感じることが重要だと思いました。(20代・男性)

解説補足

この答弁は保守についてや、守るべきものと改革すべきものに関する質問に対してです。この答弁では、「保守とは、いわゆるイデオロギーではなく、日本及び日本人について考える際に、自分の生まれ育ったこの国に自信を持ち、今までの日本が紡いできた長い歴史をその時代に生きた人たちの視点で見詰め直そうとする姿勢である」「保守と改革は矛盾するものではありません。大切なものを守るためにこそ、時には勇気を持って変えていくべきこともあります」と述べていました。

40

やるべきことはシンプルです。
直面する課題から、逃げることなく、
真正面から挑戦する。
挑戦、挑戦、そして挑戦あるのみです。

2016.1.22
ダボス会議・ジャパンナイト

選んだ理由

「逃げることなく、真正面から挑戦する」という表現から、強い覚悟を感じ、そのたくましさに勇気づけられました。私も日々色んな不安や困難に直面しますが、一人一人が目の前の課題から逃げずに立ち向かい続けること。それが、強い国をつくることにつながるのだと思うと、また明日から頑張れそうです。（20代・男性）

解説補足

少子高齢化という構造的な課題に真正面から立ち向かうべく、一億総活躍社会への挑戦のスタートを切った2016年のメッセージです。安倍政権は50年後も人口1億人を維持するという長期の課題の実現を日本の政権として史上初めて、自らに課しました。年頭所感でも「最初から設計図があるような、簡単な問題ではありません」「『未来』は他人から与えられるものではありません。私たちが、自らの手で、切り拓いていくものです」と決意が語られました。

第 3 章

日本を語る

41

心を新たに、平和で、希望に満ちあふれ、誇りある日本の輝かしい未来、人々が美しく心を寄せ合う中で、文化が生まれ育つ時代を創り上げていくため、最善の努力を尽くしてまいります。

2019.10.22
即位礼正殿の儀

選んだ理由

厳《おごそ》かな雰囲気の中、一つひとつの言葉から〝令和の新しい時代を、国民一体となって希望あるものにしていく〟という強い意志を感じたためです。特に「人々が美しく心を寄せ合う中で、文化が生まれ育つ時代」という表現が非常に美しく、日本国民として共に時代を創りたいと心が動かされました。（20代・女性）

解説補足

4月の記者会見では「令和」という新元号が発表されました。万葉集の「初春の令月にして 気淑《よ》く風和《やわら》ぎ 梅は鏡前の粉を披《ひら》き 蘭は珮後《はいご》の香を薫らす」との文言から引用されました。「悠久の歴史と薫り高き文化、四季折々の美しい自然、こうした日本の国柄をしっかりと次の時代へと引き継いでいく。厳しい寒さの後に春の訪れを告げ、見事に咲き誇る梅の花のように、一人ひとりの日本人が明日への希望とともに、それぞれの花を大きく咲かせることができる、そうした日本でありたい」との願いが込められています。

42

私たちは平成のその先の時代に向けて、明治の人々に倣《なら》い、どんな困難にもひるむことなく、未来を切り拓いてまいります。そして、平和で豊かな日本を、次の世代に引き渡していく。

2018.10.23
明治150年記念式典

選んだ理由

今、日本は内外の情勢から国家の危機が訪れてもおかしくない状況になりつつあります。この言葉からは、先人たちから学び、平和な日本を次世代に引き継ぐという決意を感じました。私自身、一児の父として「子供たちにも平和に暮らしてほしい」と思っており、この言葉を選びました。（30代・男性）

解説補足

明治改元の詔勅から150年の日に記念式典が開催されました。式辞は近代国家に向けて踏み出した往時に想いを馳せ、それを成し遂げた明治の人々への敬意と感謝の表明から始まりました。式辞では「若い世代の方々には、是非とも、この機会に、我が国の近代化に向けて生じた出来事、人々の息遣いに触れ、光と影、様々な側面を貴重な経験として学びとってほしいと思います」と述べられています。

43

今、私たちが享受している平和と繁栄は、戦没者の皆様の尊い犠牲の上に築かれたものであることを、私たちは決して忘れることはありません。

2019.8.15
全国戦没者追悼式

選んだ理由

現在の私たちの平和と繁栄は、尊い犠牲や歴史の上に築かれたものであるという言葉から、命を懸けて時代を担った方々への感謝と敬意を感じました。時には先を見るだけでなく、過去を振り返り自らの果たすべき務めを再確認する。そんな姿勢に真のリーダーシップを感じました。（20代・男性）

解説補足

先の大戦では300万余の同胞の命が失われました。終戦70年に際する内閣総理大臣談話では「歴史とは実に取り返しのつかない、苛烈なものです。一人ひとりに、それぞれの人生があり、夢があり、愛する家族があった。この当然の事実をかみしめる時、今なお、言葉を失い、ただただ、断腸の念を禁じ得ません。これほどまでの尊い犠牲の上に、現在の平和がある。これが、戦後日本の原点であります」と述べています。

44

70年という月日は短いものではありません。平和を重んじ、戦争を憎んで、固く身を持してまいりました。戦後間もない頃から世界をより良い場に変えるため、各国・各地域の繁栄の一助たらんとして、孜々《しし》たる歩みを続けてまいりました。

2015.8.15
全国戦没者追悼式

選んだ理由

過去を教師とし、学ぶという積極的な意志を持つからこそ、平和で優しい未来に向かって進むことができると考えます。歴史を振り返る際には第二次世界大戦時の軍国主義だけではなく、明治からの歴史、戦後の歴史などその歩みをより重層的に見ることが大事だと感じました。（40代・女性）

解説補足

前日に発表された終戦70年に際する内閣総理大臣談話では、「自らの行き詰まりを力によって打開しようとした過去」「経済のブロック化が紛争の芽を育てた過去」「国際秩序への挑戦者となってしまった過去」を胸に刻み続けると述べられています。「歴史の教訓を深く胸に刻み、より良い未来を切り拓いていく、アジア、そして世界の平和と繁栄に力を尽くす。その大きな責任があります」というのが安倍元総理の考え方でした。

45

住民を避難させようと最後までマイクを握り、声を枯らして避難を呼びかけた人たち。そして発災後、黙々と瓦礫を運び続けたボランティアたち。こういう人たちがいて、初めて私たちの社会は守られているのです。

2022.3.19
近畿大学卒業式

選んだ理由

人のために命を懸ける、あるいは行動する「利他の精神」の大切さを身近に感じる具体的な言葉だと思います。また、こういう人の存在に気がつき、畏敬の念を抱く安倍さんの感性こそが、多くの方を魅了するのでしょう。私自身、ボランティアとして被災地に入ったこともあり、この言葉には感動いたしました。（40代・男性）

解説補足

安倍元総理は東日本大震災発生直後から自費で救援物資を集めてトラックで幾度も被災地をめぐり、物資を下ろし、配り、膝詰めで被災された方々の話を聞きました。第二次政権発足からわずか3日後には福島県を訪問しています。スピーチでは、「懸命に頑張る被災者の皆さんの姿に接し、被災地の復興が、そしてそのために強い経済を取り戻すことが私の使命である。こう決意しました」と語ります。

46

いま日本人に必要なものがあるとすればそれは自信です。夏に咲いて太陽を追いかけるひまわりのような向日性です。

2013.1.18
ジャカルタでの講演(未発表)

選んだ理由

発言内で言語化された数多くの日本の国家像や日本人としての自己像の中でも特筆して重要なものだと考えます。堂々とした振舞いや姿勢の背景には、自分を奮い立たせるものでもあるように感じるこの言葉があったのではないでしょうか。等身大の人間味があふれるこの言葉を含むスピーチが行われなかったことが残念でなりません。(20代・男性)

解説補足

アルジェリアの邦人拘束事案のため早期帰国となり、幻のスピーチとなったもの。ASEAN外交に関して福田赳夫ドクトリン(心と心のふれ合い)の原則を発展・継承し、新たに「未来をつくる5原則」が表明される予定だった。東日本大震災を知ったジャカルタの大学生による劇団「エン塾」の合唱『桜よ』に深く感動したエピソードも紹介予定でした。この歌詞は、安倍元総理が好んだ「日本よ、日本人よ、世界の真ん中で咲き誇れ」という言葉のルーツとなっています。

47

日本とは、時、至れば、大きく変わる国です。日本の人々は、ある時点を超えたら、変化を進んで受け入れるばかりか、前へ、前へと、変革を進める力を持つ人たちです。

2014.4.17
ジャパン・サミット2014

選んだ理由

「日本の危機」が叫ばれている中、未だに危機を感じない日本人も多くいます。日本国のリーダーとして、国民を信じ、この言葉を発信してくださっていることに大変感動しました。多くの日本人が日本人であることを誇りに思い、底力を発揮できるよう、私たちも一役を担える人材となりたいと思います。（40代・女性）

解説補足

安倍元総理が考える「変化」のニュアンスが以下の言葉から窺えます。「伝統の良さを大切に残したまま、日本社会は多様性を認める方向に、それも、寛《くつろ》いだ態度で、日本的なやり方で認める方向へ、今、加速度をつけて、変わろうとしています」「私たちは、変わることができる。むしろ、変化を楽しむことができる」。変わらないもの、変わっていくものを見定めること、そして自らがまず変化していくことの重要性を感じました。

48

1964年、10歳の時に見た東京五輪は、今も私の瞼に焼き付いています。身体の大きな外国選手たちに全く引けをとらない日本人選手の大活躍は、未来への希望を与えてくれました。未来への躍動感があふれている今こそ、新しい時代に向けた国づくりを力強く進める時です。

2020.1.1
令和2年 年頭所感

選んだ理由

「新しい時代に向けた国づくり」を進めていくための国民の精神的基盤として、未来を信じることができる「希望・躍動感」が大切であることを強く理解しました。医療保険を中心とした社会保障の改革を志す私ですが、「国づくり」の手法だけでなく「国民が未来を信じる」ためにできることを考えたいと思いました。

（30代・男性）

解説補足

年頭所感では、東京五輪・重量挙げ金メダリスト、三宅義信選手の言葉が引用されました。「人間、夢があるからこそ成長できる。いつの時代も夢見る力が大切なんです」。御代替わり、オリンピック・パラリンピック、大阪・関西万博など未来への躍動が感じられる中、新しい時代への国づくりを強調しました。年頭所感では幼児教育の無償化、高等教育の無償化、働き方改革の推進、社会保障制度の改革、憲法改正などが取り上げられました。

49

日本の技術を、単に持ち込むのではなく、人を育て、しっかりとその地に根付かせる。
これが、日本のやり方です。

2017.1.16
記者会見

選んだ理由

日本がほかの国の産業を支援し、発展の手助けをしていた歴史を知ってはいましたが、「人を育て、地に根付かせる」という利他の心で一国のトップが取り組んでいたことが、より広まっていってほしいと強く願います。（20代・男性）

解説補足

フィリピン、オーストラリア、インドネシア、ベトナム訪問についての内外記者会見での言葉でした。ミャンマーでのバルーチャン水力発電所、インドネシアのブランタス川の開発など日本は戦後間もない頃からアジアの国々への支援を始めました。初代ブランタス川総合開発事務所長のスリヨノさんは日本とのプロジェクトについて「ダムを造ることと、人を造ることと、どちらが主目的なのか分からなくなっていたほどです」と人を育てる重要性を感じた言葉を残しています。

50

拉致問題を、この手で解決できなかったことは痛恨の極みであります。

2020.8.28
記者会見

選んだ理由

この一言が政治家、安倍晋三とは何者だったのかを教えてくれるのではないか。総理大臣としての最後の記者会見で「お詫び」として取り上げた一つが拉致問題であった。過去に拉致問題にここまで取り組んだリーダーは誰もいない。外交、防衛、人道的支援、これらについて最も精通し、拉致問題へ全力で取り組んだ政治家がいたことを決して忘れてはならない。(20代・男性)

解説補足

退陣を表明した2020年8月28日の記者会見で拉致問題に対しては痛恨の極み、ロシアとの平和条約、憲法改正については断腸の思いと表現しました。記者とのやりとりでは、「御家族の皆様にとっては結果が出ておられない中において、お一人お一人とお亡くなりになっていく。私にとっても本当に痛恨の極みであります」とも述べました。かつて拉致問題は、日本しか声を上げていませんでしたが、現在は米中韓の首脳が言及するなど、国際的に認識されるようになりました。

51

復興という言葉だけを叫んでも何も変わりません。

2013.3.11
東日本大震災二周年記者会見

選んだ理由

災害が多い日本において、ただ「復興」と叫ぶのではなく、「行動」で示していく責任を感じました。同じ日本で苦しんでいる人がいる。誰かがしてくれるのを待つのではなく、自分がその誰かになるのだ！　という意識を持つことが、これからの日本を支え引っ張っていく若者に大切な「当事者意識」なのだと思います。(20代・男性)

解説補足

この記者会見で安倍元総理は「3月11日は希望を生み出す日でなければなりません。『来年の3月11日にはもっと復興が進み、暮らしが良くなる』と被災地の皆さんが思えるような、そんな日であらねばならないと私は考えています。また、必ずそうしてまいります。そして、被災地の皆さんが希望を胸に、復興への歩みを力強く進めることが、2年前に犠牲となったたくさんの方々の気持ちにもかなうものであると信じます」と述べました。

52

目指すところは、投資によって労働者の生産性を高め、手取りを増やすことです。意欲を持って働く人たちが、報われなければなりません。

2013.5.17
成長戦略第2弾スピーチ

郵 便 は が き

お手数ですが、
切手を
おはりください。

1 5 1 0 0 5 1

東京都渋谷区千駄ヶ谷 4-9-7

(株) 幻 冬 舎

書籍編集部宛

ご住所 〒

都・道
府・県

フリガナ

お名前

メール

インターネットでも回答を受け付けております
https://www.gentosha.co.jp/e/

裏面のご感想を広告等、書籍の PR に使わせていただく場合がございます。

幻冬舎より、著者に関する新しいお知らせ・小社および関連会社、広告主からのご案内を送付することがあります。不要の場合は右の欄にレ印をご記入ください。 不要 □

本書をお買い上げいただき、誠にありがとうございました。
質問にお答えいただけたら幸いです。

◎ご購入いただいた本のタイトルをご記入ください。

『　　　　　　　　　　　　　　　　　　　　　　』

★著者へのメッセージ、または本書のご感想をお書きください。

●本書をお求めになった動機は？

①著者が好きだから　②タイトルにひかれて　③テーマにひかれて
④カバーにひかれて　⑤帯のコピーにひかれて　⑥新聞で見て
⑦インターネットで知って　⑧売れてるから／話題だから
⑨役に立ちそうだから

生年月日	西暦　　年　　月　　日（　　歳）男・女			
ご職業	①学生	②教員・研究職	③公務員	④農林漁業
	⑤専門・技術職	⑥自由業	⑦自営業	⑧会社役員
	⑨会社員	⑩専業主夫・主婦	⑪パート・アルバイト	
	⑫無職	⑬その他（　　　　　　）		

ご記入いただきました個人情報については、許可なく他の目的で使用することはありません。ご協力ありがとうございました。

選んだ理由

日本の労働生産性は課題となっています。私は現在、企業の生産性を高めることをミッションとする会社で働いています。意欲を持って働く人が報われる社会へ、日本全体で取り組むことの大事さと共に、私たちがそれをやるのだと思いを新たにしました。（30代・男性）

解説補足

このスピーチで安倍元総理は「長引くデフレと自信喪失、この呪縛から日本を解き放つのが、私の仕事です」と語ります。「日本から世界に展開する戦略」と「世界から日本に取り込む戦略」が示されました。世界の技術、人材、資金を日本の成長に取り込み、日本で大胆な投資を喚起し、労働者の生産性を高め、所得増を生み出していくことを強調しました。「世界で勝って、家計が潤う」というキーワードも印象的です。

53

本土復帰から45年を迎えた現在、大田元知事の築かれた沖縄振興の礎の上に、沖縄は、その優位性、潜在力を存分に活かし、飛躍的な発展を遂げつつあります。政府として、沖縄の振興を前に進め、沖縄の明るい未来の構築にできるだけ貢献していくことをお誓いいたします。

2017.7.26
故大田昌秀元沖縄県知事県民葬

選んだ理由

本土復帰から現在に至る沖縄の努力・発展、これからの未来の構築を、日本のリーダーとして語っています。日本国民・沖縄県民として、想いを受け継ぎ、良い沖縄を次世代につないでいくことを、私自身も改めてここに誓います。（20代・男性）

解説補足

追悼の辞では大田昌秀元沖縄県知事の「何よりも平和を大事にし、共生を志向する沖縄の心を世界中に広める」という言葉が紹介されました。安倍元総理は別の挨拶で沖縄を「日本を牽引し、21世紀の万国津梁《しんりょう》として世界の架け橋となる」場所とも語ります。「万国津梁」とは旧首里城正殿鐘にある銘文の一節で、琉球王国は「船を万国の架け橋にして栄える国である」と記されています。

54

日本の健康保険制度の中で、医療を皆さんにまさにある意味では公的に担っていただいている。民間といえども、公的な使命と責任のもとで医療行為を行っているということです。

1995.2.7
第132回国会 衆議院 災害対策特別委員会

選んだ理由

「公的に担っていただいている」「民間といえども、公的な使命と責任のもとで医療行為を行っている」という表現には、国民一人ひとりの働きに敬意を払う安倍元総理の姿勢が表れていると感じます。私自身医療従事者として、誇れる日本を作るために貢献する気持ちを新たにするきっかけをくれたため、この言葉を選びました。（20代・男性）

解説補足

別の記者会見では「自助自立を基本としながら、不幸にして誰かが病に倒れれば村の人たちがみんなで助け合う農村文化。その中から生まれた世界に誇る国民皆保険制度を基礎とした社会保障制度。これらの国柄を私は断固として守ります」とも語りました。安倍元総理にとって社会保障、国民皆保険制度は「国柄」と繋がるものでありました。著書では社会保障に関してチャーチル英国首相と岸信介首相の考えが紹介されており、関心が高かったと推察されます。

55

我が国を取り巻く安全保障環境は、戦後最も厳しいと言っても過言ではありません。

2018.1.22
第196回国会 施政方針演説

選んだ理由

ウクライナ、パレスチナ、台湾など世界各地で安全保障の危機が大きくなる中、日本はどうなるのか。2018年の時点で我が国の安全保障環境は戦後最も厳しい状態と安倍元総理は考えていました。亡くなる前には「日本は今、世界で最も厳しい安全保障環境にある」と発言されていたと聞きます。（30代・男性）

解説補足

国家安全保障戦略（2022年）の冒頭部分は「グローバリゼーションと相互依存のみによって国際社会の平和と発展は保証されないことが、改めて明らかになった。自由で開かれた安定的な国際秩序は、冷戦終焉《しゅうえん》以降に世界で拡大したが、パワーバランスの歴史的変化と地政学的競争の激化に伴い、今、重大な挑戦に晒されている」との国際認識から始まり、「我が国周辺に目を向ければ、我が国は戦後最も厳しく複雑な安全保障環境に直面している」と言及されています。第二次政権以降、我が国の安全保障政策には大きな進展がありました。

56

日本は黄昏《たそがれ》を迎えている。そんなことを言う人がいます。決してそんなことはないのです。
今、私たちが何をするかにかかっているのです。

2012.9.25
街頭演説

選んだ理由

当時、大学生であった時に街頭演説でこの言葉を聞きました。メッセージの強さ、その場の熱気が今でも心に残っています。日本はこれから変わっていくんだ、そして自分たちが挑戦するのだ、と勇気をもらいました。私も未来を語るリーダーを目指したいと決意をした日になりました。（30代・男性）

解説補足

2012年の自民党総裁選直前の新宿駅における街頭演説の言葉です。この演説で「この国難にあたって身を捨てて立ち向かえとの同志の声に応えていく決断をしました」「私は政権を担い、挫折を含め様々なことを学びました。このことを活かし、この難局にぶつかって参ります」「政治のリーダーシップで必ず、必ず日本は輝ける新しい朝を迎えることができるのです」と述べました。翌日の開票を経て、安倍晋三候補は第25代自由民主党総裁に選出されました。

57

日本外交の目的とは、世界と地域の未来を、確実なものとすることです。さらにその上で、私が願いますのは、日本の未来を生きる若人たちが、たくましくも、チャレンジに立ち向かってくれることです。それをやりやすい環境を生み出すことが、私たち世代の務めです。

2018.9.25
第73回国連総会

選んだ理由

日本外交の目的をシンプルに説明した言葉だと思い選びました。そして外交は単なる国と国の条約や関係性だけに留まるものではなく、その外交努力は、私たちがよりチャレンジできる環境を生み出すためにあるのだという考えも素晴らしいと感じました。（20代・女性）

解説補足

父・安倍晋太郎が亡くなった翌年に安倍晋三元総理は『吾が心は世界の架け橋—安倍外交の全記録』という本を出版しています。その中で安倍晋太郎外相の「創造的外交」という言葉の真意について「もはや受け身の外交では通らない。日本と世界の平和と繁栄の環境作りを積極的に創造していく外交を展開する時期にきた」ことにあると解説しています。父・安倍晋太郎が述べた「創造的外交」と「風格ある国家」という政治信念が安倍晋三元総理にも引き継がれていることが窺えるスピーチだと思います。

58

無機的な、からっぽな、ニュートラルな、中間色の、富裕な、抜け目がない、或る経済的大国が極東の一角に残るのであろうと。31年経った今、この予言が当たっていたかどうかではなく、21世紀の日本をどうするか議論していきたいと思います。

2001.11.29
メールマガジン

選んだ理由

戦後レジームからの脱却という言葉に込められた想いがこの文章から浮かび上がってくるのではないかと思い、選びました。日本の国柄を取り戻すという三島由紀夫の想いが、形を変えて安倍晋三元総理にも流れていたのではないかと考えさせられます。日本を取り戻すという未完の戦いは今や私たちの前にあります。
(20代・女性)

解説補足

前半の文章は三島由紀夫の「果たし得てゐない約束——私の中の25年」からの抜粋になります。三島由紀夫が自決する4ヶ月前のものです。このメルマガでは、「吉田松陰が処刑されたのは、旧暦で10月27日、新暦で言えば11月25日です。…同じ日に三島由紀夫が市ヶ谷の陸上自衛隊駐屯地で自決しました」とも述べられています。吉田松陰、三島由紀夫、安倍晋三元総理は3人とも非業の死を遂げました。その生死から私たちは何を受け取るのか、改めて問いたいと思います。

59

人間は一人では生きられない。両親がいて家族がいて、そして自分をはぐくんできた環境があります。地域の人たちもいるでしょう。そして国もあり、連続の中で歴史や伝統また文化というものもある。

2007.4.20
第166回国会 衆議院 教育再生に関する特別委員会

選んだ理由

家族、地域、国との関わり合いの中で今の自分があり、その関わりが蓄積されていく中で歴史や文化があるのだという話はとても納得感があります。正直なところ、親世代と比べても私たち若者は益々隣人や地域との関係が希薄になっている気がしますが、その中でどう生きていくのか、考えたいと思います。（20代・女性）

解説補足

第一次安倍政権では教育基本法の改正がありました。教育基本法は制定から59年が経過し、初めての改正となりました。この答弁でも自分が帰属するものへの愛情、愛着から公共の精神の大切さ、自律の精神の大切さに繋がっていくのではないかと述べられています。改正法では、公共の精神などの規範意識、教育目標で我が国と郷土を愛する態度を養うことが明記されたことに加え、生涯学習、大学、家庭教育、教育振興基本計画なども新たに規定されました。

60

復興の遅れに加え、経済、外交、教育など、様々な面で、国家的な危機に直面しています。こうした危機に立ち向かうのは、並大抵の仕事ではありません。

2013.4.3
第47回 国家公務員合同初任研修開講式

選んだ理由

安倍元総理は批判されても叩かれても、「国家的課題に立ち向かう」という信念をずっと持っておられたように思います。大学の周りの友人もそんな安倍さんは好きだったし、安倍さんならなんとかしてくれるという雰囲気がありました。私は外交についての論文を隔月で書いています。国家的危機にいかに立ち向かうか。この信念を心に留めておきたい。（20代・女性）

解説補足

２０１３年の時点で安倍元総理が感じていたのは様々な面で、国家的な危機に直面していることでありました。この訓示では「うわべの議論や、従来のやり方ではない、次元を超えた発想がなければ、現下の国家的な危機は、乗り越えられません」とも述べました。そして国家的な危機に直面しているとしても、チャレンジすることを躊躇《ちゅうちょ》してはならないというのが、安倍元総理が私たちに遺した大きなメッセージだったと思います。

第 4 章

日本と世界

61

接続のない地点、つながりのないヒト、モノ、資金。それら点と点を日本は結び、それによって付加価値をつくります。

私は日本の今後に偉大なるドット・コネクターとしての役割を望みます。

2018.9.12
第4回東方経済フォーラム全体会合

選んだ理由

ロシアのウラジオストクで安倍元総理が話されたこのスピーチでは、日本の国としてのアイデンティティを「ドット・コネクター」と表現されています。日本が持つ最大のポテンシャルの一つでもあると思っており、強く共感を覚えました。日本は、点と点を結び、21世紀の平和と繁栄に大きく貢献する可能性がある国だと思います。（20代・男性）

解説補足

安倍元総理は「つながることで付加価値が生まれる時代に私たちは生きている」との認識から、日本に公明正大なルールの下、交わらない点を交わらせ、つながらなかった知と知をつなぐ役割を期待します。5カ国の首脳が会談する場にて「日本に生まれようとしている若い世代が、ロシア、中国、韓国、モンゴルの若者たちと手を携え、アジアと世界に一層の平和と繁栄をもたらし、やがて真に希望に満ちた時代を生む原動力となってほしい」と語りました。

62

学び合い、自由を重んじ合う、アジアという名の理想主義クラブにおいて、驕《おご》らず、威張らず、しかし卑屈にも、偏狭にもならないで、経験を与えるにして寛容、学ぶにして謙虚な一員となるよう、日本人と、日本を、もう一度元気にすることなのです。

2013.5.23
第19回国際交流会議「アジアの未来」

選んだ理由

日本人としてのあり方と同時に人生の指針として、この言葉を胸に刻みます。世の中に存在する様々な課題に対してどう取り組んでいけばいいのか、ヒントがあるように感じました。スピーチ全体から「大きな課題に取り組め！　君たちならできる！」、そう背中を押して頂いた気がしました。（20代・女性）

解説補足

この演説ではアベノミクスを一気呵成《かせい》にやりたいと思った理由が語られます。「日本は若くて活力に満ちたアジアの元気なメンバーであったかつての自分を取り戻さなくてはならない」「世のため、人のため、善をなし、徳を積むためにも、頼りにされる日本を取り戻さなくてはならない」という言葉からアベノミクスが単なる経済政策に留まらないものであったことが窺えます。

63

日本は、皆さん方の長きにわたる同盟国、パートナーとして、過去半世紀以上になんなんとするあいだ、アジア・太平洋の平和と繁栄から裨益《ひえき》し、また、それに貢献してきた国でした。

2013.2.22
CSIS主催シンポジウム

選んだ理由

これからの世界のあり方を考えた時に、自国だけの利益を考えるのではなく、他国と協調して繁栄していく必要があると感じていました。日本という国が自国だけではなく、アジア・太平洋と協調して繁栄してきた歴史を強調したこの言葉に共感し、選びました。（30代・男性）

解説補足

民主党政権における日米関係の混乱、中国による米中二極化を念頭に置いた「新型大国関係」の提起など、日本外交の行く末が懸念されていた中で、第二次政権が発足しました。このスピーチの題名はJapan is Back（日本は戻ってきました）です。「米国は、世界最古にして最大の、海洋民主主義国、そして日本は、アジアで最も経験豊かで、最も大きなリベラル・デモクラシーであって、やはり海洋国なのでありますから、両者はまことに自然な組み合わせなのです」と述べます。両国の同盟が果たす役割を明確に示した意義は大きいと考えます。

64

新しい日本人は、アジア・太平洋の繁栄を、自分のこととして喜び、日本を、地域の意欲ある若者にとって、希望の場所とすることに、価値と、生き甲斐を見出す日本人です。

2014.5.30
第13回アジア安全保障会議

選んだ理由

今を生きる私たちにとって、日本人として生きるということはどういうことかを考えさせられる言葉だと思います。漠然と、誰かのために生きる人になりたいと思っていましたが、この言葉を受け、これからの日本を担っていく若者たちが安心して希望を持てるように、自分も頑張りたいと感じました。(20代・女性)

解説補足

2014年5月シンガポールにて行われたアジア安全保障会議で安倍総理は基調講演のほか、米国のヘーゲル国防長官やシンガポールのリー・シェンロン首相らと会談を行いました。積極的平和主義は、2013年に閣議決定された「国家安全保障戦略」で明確化された概念ですが、この基調講演では「積極的平和主義とは、日本が、いままでより以上に、地域の同輩たち、志と、価値を共にするパートナーたちと、アジア・太平洋の平和と、安全、繁栄のため、努力と、労を惜しまないという心意気」とも表現されました。

65

もう一度、日本は、若くて活力に満ちたアジアの、元気なメンバーにならなければいけない。かつての自分を、取り戻さなくてはならない。

2013.5.23
第19回国際交流会議「アジアの未来」

選んだ理由

若くて活力に満ちたアジアの、元気なメンバーという表現が良いと思いました。「かつての自分を」という言葉から、先人への尊敬の念と日本の誇りを感じます。私もそのような日本人でありたいと思い、この言葉を選びました。（20代・男性）

解説補足

2013年1月に安倍元総理はアジア外交に関して「未来をつくる5原則」を発表しました。（1）2つの海が結び合うこの地において、思想、表現、言論の自由――人類が獲得した普遍的価値は、十全に幸《さき》わわねばならない、（2）最も大切なコモンズである海は、力によってでなく、法と、ルールの支配するところでなくてはならない、（3）日本は、自由でオープンな、互いに結び合った経済を求める、（4）文化のつながりが一層の充実をみるよう努めること、（5）未来を担う世代の交流、というものです。日本は自由で活力に満ちたアジアの一員だとの意思が感じられます。

66

日本が置かれている地理的有利性を
活かす。
世界の経済が猛烈なスピードでつ
ながりつつある中、日本はFar East
ではなく、Center of the Pacific Rim
です。

2014.4.17
ジャパン・サミット2014

選んだ理由

私たちが生きるこの時代は世界各国が手を取り合い、協力しながら共通の課題を解決していくことが求められています。日本が極東の枠内に留まり、世界から距離を取るのではなく、今後の成長国の中心にいるのであるという考えから、世界の課題に取り組んでいくことが大切だと思いました。(20代・男性)

解説補足

このスピーチでは、「伸びるアジアの活力をそのまま取り込んで、成長できる国にならなければならない」と語り、変化への弾みとして国家戦略特区、経済連携協定、女性の活躍などが紹介されます。1998年9月の「エコノミスト」誌の特集を例に出し、日本は「JAAD=Japan's Amazing Ability to Disappoint」ではなく「JAAA=Japan's Amazing Ability to Amaze」だと訴えました。

67

未来を望み、理想を追い求めて、教育に、勤労に励んできたのが、私たち、アジアの子だったからです。

2013.5.23
第19回国際交流会議「アジアの未来」

選んだ理由

「未来を望み」「理想を追い求める」という表現、「アジアの子」という表現が、自分の信念にマッチしていました。この言葉の後に続く、「偉大な理想に捧げない人生とは意味のないものだ」というホセ・リサールの言葉も心に残りました。より良い日本、アジアの未来のために励んでいくのは私たちであるということを感じ、この言葉を選びました。(30代・男性)

解説補足

このスピーチで安倍元総理は「アジアの未来は学び合う未来」と定義しました。冒頭にはフィリンピン独立指導者のホセ・リサールの、教育を重んじ自由を希求する言葉が紹介されました。都市の勃興により、様々な国での需要が似通ってくること、環境問題、インフラの課題、貧富の差など抱える課題も急速に同一化しつつあることを指摘しました。アジアは、そこに共通の問題があるゆえに互いに謙虚に学び合うことができるというメッセージはユニークなものでした。

68

今がラストチャンスです。この機会を逃すということは、日本が世界のルールづくりから取り残されることにほかなりません。アジア太平洋の世紀。その中心に日本は存在しなければなりません。

2013.3.15
記者会見

選んだ理由

TPPに向けた交渉に参加する決断をした際の言葉です。アジア太平洋の世紀、その中心に日本が存在すべきというメッセージが心に残りました。国家百年の計として、決断されたのがひしひしと伝わってきます。大局を見てリスクを負い、チャレンジしていく姿から私たちは学ぶべきものがあると思いました。(20代・女性)

解説補足

安倍元総理は、TPPの意義は経済効果に留まらないと考えていました。自由、民主主義、基本的人権、法の支配といった普遍的価値を共有する国々が参加することで、安倍総理は「共通の経済秩序の下に、こうした国々と経済的な相互依存関係を深めていくことは、我が国の安全保障にとっても、また、アジア・太平洋地域の安定にも大きく寄与することは間違いありません」と述べていました。

69

太平洋とインド洋は、今や自由の海、繁栄の海として、一つのダイナミックな結合をもたらしています。これを広々と開き、どこまでも透明な海として豊かに育てていく力と、責任が、私たち両国にはあるのです。

2007.8.22
インド国会演説

選んだ理由

特定のイデオロギーを力によって押し付けようとする「支配」ではなく、「自由で包括的な結びつき」によって仲間をつくっていこうとする姿勢は、まさに日本だからこそ構想できたものでした。日本を取り巻く安全保障環境が極めて厳しくなりつつある中、発想や発信力で国際社会における存在感を示そうとした安倍元総理の姿勢は、これからまさに世界で勝負せんと志す日本の若者たちに、重要な示唆を与えてくれたのではないかと思い、この言葉を選びました。(20代・男性)

解説補足

2007年、インドの国会で訴えた「二つの海の交わり」は、後に「自由で開かれたインド太平洋」(Free and Open Indo-Pacific, FOIP)として結実し、安倍外交を代表する外交ビジョンとなりました。日本で生まれたこの構想は、米国やアジア諸国、ひいてはヨーロッパ諸国にも広く受け入れられました。実際に米国では2018年5月に太平洋軍はインド・太平洋軍へ名称が変更されました。

70

私たちを結びつけたものは、寛容の
心がもたらした、
the power of reconciliation
「和解の力」です。

2016.12.27
日米両首脳ステートメント

選んだ理由

日米における激戦で失われた多くの命から私たちは何を見出すのか。歴史に残る激しい戦争を繰り広げた二国が戦後、歴史上稀に見る深く結ばれた同盟国になった。そこには和解の力があります。「憎悪を消し去り、共通の価値の下、友情と、信頼を育てた日米は、今、今こそ、寛容の大切さと、和解の力を、世界に向かって訴え続けていく、任務を帯びています」という言葉も心に残りました。（30代・男性）

解説補足

２０１４年7月のオーストラリアの国会両院総会演説、２０１５年4月の米議会上下両院合同会議スピーチ、８月の終戦70年内閣総理大臣談話、２０１６年５月のオバマ米大統領の広島訪問、12月には安倍総理の真珠湾訪問が実現します。「一人ひとりの兵士に、その身を案じる母がいて、父がいた。愛する妻や、恋人がいた。…、全ての思いが断たれてしまった。その厳粛な事実を思うとき、…私は、言葉を失います。その御霊よ、安らかなれ」という言葉が心に残ります。

71

どの一国といえども、一国だけで、平和を守ることができないように、世界が抱える課題の解決は、互いに思いやり、労《いたわ》りあう、国と国、人と人の連携、協力によってしか、目指すことなどできません。

2014.1.22
世界経済フォーラム

選んだ理由

日本は今後世界の秩序を保つために重要な役割を担っていると思います。「互いに思いやり、労りあう」という表現からは、日本が持つ本来の強みである「調和、協調」といった要素が感じられます。今後の日本にとって重要な考えであると感じ、選びました。（30代・男性）

解説補足

この世界経済フォーラム年次会議の冒頭演説のテーマは「新しい日本から、新しいビジョン」でした。安倍元総理が提示したビジョンは「相互に助け合う精神をもって、日本はいま、世界の平和に対し、これまで以上に積極的貢献をなす国になる」ことでした。積極的平和主義の考えから「アジアの成長の果実は、軍備拡張に浪費されるのではなく、さらなる経済成長を可能にする、イノベーションや、人材育成にこそ、投資されるべきです」との認識を示しました。

72

もし、あのリーマン・ブラザーズがリーマン・ブラザーズ・アンド・シスターズであったら、破綻せずに済んだかもしれません。

2016.12.13
WAW！2016公開フォーラム

選んだ理由

安倍元総理の演説は内容もさることながらユーモアにあふれています。その場に応じたウィットに富んだ発言には、たとえ批判的で難しい相手であっても、ついつい和んでしまいます。この発言も、女性活躍の文脈に則っての言葉ですが、海外の方にも分かりやすい表現でのユーモアを感じ、こういった人間的な魅力も人対人の関係づくりに欠かせないと思いました。（30代・男性）

解説補足

「ハフィントン・ポスト」の創設者・作家・コラムニストのアリアナ・ハフィントンの言葉を引用したものです。男性たちは、睡眠時間が少ないことを自慢し、超多忙なことが、超生産的だと誤解していると彼女は言います。このスピーチでは女性役員が1人以上いる企業は能力の範囲拡大やガナバンス強化等により破綻確率を20％減らせるという、２００８年の英国リーズ大学 Credit management Research Centre の調査結果も紹介されました。

73

日米関係を一層強化し、近隣諸国との関係を立て直していくために、私自身が先頭に立って戦略的な外交を大胆に展開してまいります。国民の生命、財産、我が国の領土、海、領空を断固として守り抜いていく決意です。

2013.1.4
平成25年　年頭記者会見

選んだ理由

自身が先頭に立ち、戦略的な外交を展開し、この国を守り抜くというメッセージから、安倍元総理の強いリーダーシップを感じました。信念を持ち、先頭にたって行動する人材はどこまでいるのだろうか。これからの政治を考える際に大事な言葉だと思いました。（20代・女性）

解説補足

安倍元総理は「外交においては国益が第一であります。国益を確保する上においては、時には国益どうしがぶつかる場合がある。そのときには戦略的な外交を展開していくことは当然であろうと思います」と言及します。2013年に国家安全保障会議、2014年に国家安全保障局の発足、集団的自衛権の行使容認の閣議決定、河野談話作成過程の検証結果の公表、2015年に終戦70年の内閣総理大臣談話を閣議決定するなど、戦略的な外交・安全保障政策に向けて様々な施策が進みました。

74

みなさん日本は戻ってきました。
私の国を、頼りにし続けて欲しいと
願うものです。

2013.2.23
CSIS主催シンポジウム

選んだ理由

安倍元首相は戦後レジームからの脱却を掲げ、実行されていました。自虐的な考え方に陥ることなく、地域と世界にとって今まで以上に頼りがいのある日本を取り戻そうとしたリーダーシップとその覚悟が込められていると感じました。

（20代・女性）

解説補足

米戦略国際問題研究所（ＣＳＩＳ）は「The U.S.-Japan Alliance : Anchoring Stability in Asia」（第三次アーミテージ・ナイ報告書）を２０１２年8月に発表し、首相が6年で6人も変わり、日米関係が「漂流」（drift）する中、日本は「一級国家」（first-tier nation）か、二級国家に転落するかの瀬戸際にあるとの認識を示した。このスピーチは、そのわずか半年後のものです。安倍元総理は「日本は今も、これからも、二級国家にはなりません。…わたくしは、カムバックをいたしました。日本も、そうでなくてはなりません」と決意を述べました。

75

日本は、45年にわたり、ＡＳＥＡＮと手を携え、成長の道を歩んできました。ウィン・ウィンこそが、持続的な成長の鍵です。開放性、透明性、経済性、対象国の財政健全性といった国際スタンダードの下に、日本はこれからも、この地域の発展のため、質の高いインフラ整備を力強く支援していく考えです。

2018.11.16
記者会見

選んだ理由

東南アジア諸国と日本の連帯を強く感じる言葉だと思いました。個人的に旅が好きなのですが、東南アジアのインフラの端々に、日本の支援や貢献が感じられました。この言葉を通して、私が旅で見た景色や文化を日本が支えている一面があるということを実感することができました。（20代・男性）

解説補足

第二次政権発足の最初の訪問地域はＡＳＥＡＮでした。２０１３年1月の記者会見ではＡＳＥＡＮとの連携を強めていくことによって、日本の外交力を強化すると共に経済発展、成長を図っていく方向性が示されました。そして1月18日にスピーチされる予定であった講演では、「日本の国益とは、万古不易・未来永劫、アジアの海を徹底してオープンなものとし、自由で、平和なものとするところにあります」と記されていました。米国との同盟に加えて海洋アジアとの繋がりを強くすることが、日本の外交の今後にとって重要だと安倍総理は考えていました。

76

我々が目にしている危機は、力による一方的な現状変更の試みであり、ルールに基づく国際秩序に対する深刻な脅威です。

2022.3.12
東方政策40周年記念講演

選んだ理由

２０２２年２月にはロシアのウクライナ侵攻、２０２３年10月にはパレスチナ・イスラエル戦争が本格化しました。私も国際秩序に対する深刻な脅威だと思います。報道で見るばかりですが、私たちが生きている時代、東アジアでもいつ有事が訪れてもおかしくないのではないかとも感じています。（20代・女性）

解説補足

総理退任後、日・マレーシア外交関係開設65周年及びマレーシアの東方政策40周年のタイミングで岸田文雄内閣総理大臣の親書を手交する総理特使としてマレーシアを訪問した際の講演になります。前月の2月24日にはロシアがウクライナへの本格的な侵攻を開始しました。この講演で安倍総理特使は、ウクライナの危機はルールに基づく国際秩序に対する深刻な脅威であり、その影響は欧州に留まるものではないと語り、アジアにおいても、力による一方的な現状変更の試みや経済的威圧は、深刻な脅威となると述べていました。

77

平和とは、ガラスのようなものです。磨かれ、透き通った状態では、その存在が意識にのぼりません。しかしいつしかヒビは広がって、ガラスはやがて、音を立てて割れてしまう。だからヒビなど入らぬよう、注意して扱う心の習慣を、日々営々と育てねばなりません。

2016.9.21
第71回国連総会

選んだ理由

平和とは何か、とても分かりやすい表現だと思いました。小さなヒビであっても放置すれば、いずれヒビは広がり、ガラスは割れてしまう。確かにガラスの扱い方と国際関係のあり方に似通う部分は多いと感じました。（20代・女性）

解説補足

国連総会における一般討論演説の冒頭は「北朝鮮は今や、平和に対する公然たる脅威としてわれわれの正面に現れました。これに対して何ができるか。今まさに、国連の存在意義が問われています」という強い言葉から始まります。「軍事的挑発を許し続けてよいはずはない。それはガラスに、白昼公然ヒビをつけるに等しい行為だからです」とも述べました。

78

主張する外交は、闇雲に国益を主張するということではない。平和と繁栄のために地域として何をすべきか、或いは日本は何をしようと考えているか、また世界の発展のために何をすべきかをはっきりと申し上げる外交を展開していきたい。

2006.11.20
記者会見

選んだ理由

ＡＰＥＣ国際会議の場を活用してアメリカ、チリ、シンガポール、中国、オーストラリア、韓国、ロシアの要人との会談を終えた後の記者会見で発言された言葉です。日本が各国と良好な関係を築き、信頼関係を築いていくために積極的に海外との連携に取り組まれていた内容について言及されていたため選びました。

（30代・男性）

解説補足

主張する外交は何を目指すのか、という記者からの質問に対する返答です。この返答の中でも「日米同盟を世界の中で、アジアのための、そして世界のための日米同盟と拡張していくためにも日本が各国と良好な関係を築き、信頼関係を築いていくことが大切ではないかと思う」と述べる一方、「日米の関係だけではなく、ダイナミックな外交を展開していくことによって地域の平和、また世界の安定のために日本は貢献することができると思う」とも言及した。

79

「やっぱり日本だ、頼りになるのは」と思っていただきたいと、そう思います。

2013.8.28
日本・カタール・ビジネスフォーラム

選んだ理由

昭和49年、カタールで神戸製鋼と合弁でアラビア半島初の高炉一括生産ラインがつくられました。時が経ち、東日本大震災後のガス追加提供にカタール側は「何も心配いらない」と言ってくれました。日本企業が手を差し伸べ、現地から感謝されたことが、私たちが有事のときに手を差し伸べてくれることに繋がる。私たちは改めて、強くなり、手を差し伸べる存在にならねばと思う。これからも良き日本であるように努力していきます。（30代・男性）

解説補足

日本・カタール・ビジネスフォーラムでの挨拶になります。冒頭には東日本大震災ののち、心のこもった支援があったことが紹介されました。「今度はわれわれの番だ。可能な限り、あらゆる支援を、提供し続けよう」というカタールからの言葉が印象的です。安倍元総理は別の講演で「中東と日本の21世紀とは、共に生き、共に栄える、共生と、共栄の世紀なのです」とも語っていました。

80

私の信じるところ、強い日本は、世界の利益に最もかなっています。

2018.10.7
STSフォーラム第15回年次総会

選んだ理由

インドネシアの友人と話をした際、「日本が前に出ることが平和になる。日本人は文化を受け入れる、そんな民族に前に出てほしい」と言われた。様々な意味で日本が強く、世界の前に出ることは他国からも求められていると私も感じており、そのことを理解し進められたのが安倍元総理だったことが心に残りました。

(20代・女性)

解説補足

安倍元総理にとって強い日本は、震災からの復興、経済の再生、自信の回復といった日本国、日本国民に対する範疇《はんちゅう》に留まるものではなかったと考えます。日本国は世界経済の牽引役、自由・民主主義体制の大国として世界に対する責任があると考えていたことが窺える文章だと思います。世界と共存共栄し、平和と繁栄に貢献していく「積極的平和主義」は安倍政権以降にも引き継がれ、現在の日本外交のキーコンセプトとなっています。

第5章

次世代へ

81

長い人生、失敗は付き物です。人によっては何回も、何回も何回も失敗するかもしれない。でも大切なことは、そこから立ち上がることです。

2022.3.19
近畿大学卒業式

選んだ理由

卒業式での若者へ向けたスピーチです。私も大学在学中に多くの失敗をしましたが、社会人になることができました。この言葉に、失敗に落胆せず、前を向いて努力する勇気をもらいました。明日のために今日を頑張ろうと思います。（20代・男性）

解説補足

再チャレンジは一次政権、二次政権ともキーワードの一つでした。安倍元総理は別のスピーチにて「成功する最大の要諦とは何か。それは、最後の最後まで諦めないこと。成功を信じて、あたう限りの能力に見合う努力を積み重ねることであります」とも述べています。「挑戦する人がいて初めて何回も挑戦できる社会に日本は変わっていきます」「どうかチャレンジしてそして失敗しても立ち上がってください。そして、皆さんの溢れる若い力でよりよい世界を創ってください」と語りました。兇弾《きょうだん》に斃《たお》れる111日前のスピーチです。

82

若い感性、柔軟性、突破力。皆さんに大いに期待しています。明治時代、若い多くの官吏が奮闘し、近代国家日本の基礎をつくり上げました。先輩たちに負けないぐらいの気概を持って、これからの仕事に目いっぱい取り組んでください。

2018.4.4
第52回 国家公務員合同初任研修開講式

選んだ理由

安倍元総理の言葉には若者への期待が表れています。それは明治時代の若い先輩方が、近代国家日本を築き上げられたように、今の私たち自身に対しても、「若者よ、未来は自分たちの意志で切り拓いてほしい」というメッセージであると思いました。（20代・女性）

解説補足

訓示では民俗学で有名な柳田國男の行政官時代のエピソードが紹介されました。現場を知り、頑張る人々の思いに接して、国民本意の政策を磨き上げること、大局的視野を持ち、俯瞰した上で物事の本質に迫ることの重要性が強調されています。そして人を動かすには人間力が必要だと述べます。家族や友人との時間、幅広い教養と自己研鑽《けんさん》、歴史を学ぶこと、グローバルな視野を養うことを次世代に期待していました。

83

一にも、二にも、「現場」を大切にしてください。
現場感覚に裏打ちされてこそ、皆さんの熱い「志」は、真の「確信」へと変えていくことができる。

2015.4.10
第49回　国家公務員合同初任研修閉講式

選んだ理由

安倍元総理のこの言葉から「志」を「現場」の声で「確信」にまで鍛えあげることの大切さを教わりました。「現場」に謙虚に耳を傾けつつも、右顧左眄《うこさべん》を繰り返すのではなく、批判を恐れずに、「志」にしたがって改革を断行すること。国家国民に尽くす一員としての目指すべき生き様として、己の胸に刻みつけたいと思います。(30代・男性)

解説補足

訓示では大江卓が紹介されました。明治5年、マリア・ルーズ号事件に際し、神奈川県権令の大江はペルー船で不法に奴隷として扱われていた清国人を国際法に則り解放しました。その後、ペルー政府からの賠償請求に対し、初めての国際仲介裁判に挑み、日本は勝利しました。事件の時に大江は20代の若者でした。開国し間もない日本を背負い、世界と渡り合った先人のエピソードを終戦70年の節目の年における国家公務員研修の訓示としました。

84

重要なことは、チャンスをしっかりとつかんでいくことです。ピンチの前に立ち尽くすのではなく、時代の変化をチャンスに変える、柔軟な発想力と果敢な行動力が、今、求められていると思います。

2018.10.12
共同通信加盟社編集局長会議

選んだ理由

ピンチをチャンスに変えるという表現から、逆境が来ても、絶好の機会と捉え、成長する力に変える必要性を感じました。次の世代の日本人に立派な強い国を残すための意志が示されたスピーチだと思いました。（20代・女性）

解説補足

このスピーチでは地方創生におけるチャレンジとして岡山県西粟倉村での事例が紹介されました。安倍元総理は「産業革命の歴史が示しているように、時代の大きな変化を止めることはできない。何事もただ守るだけでは、守り抜くことはできないのです」「未来は変えることができるのです。そう信じて行動を起こすことができるかどうか。全ては、私たちの意志にかかっています」とも語りました。

85

現場の実態に、その目を、その耳を、傾けてください。現場感覚の伴わない空理空論に、世の中を変える力など、あるはずはありません。

2017.4.5
第51回 国家公務員合同初任研修開講式

選んだ理由

世の中を変える力とは現場主義、現実主義にほかならないというメッセージは、日本の現状を変えるために忘れてはならない言葉だと思いました。私も目を、耳を傾けていきます。（20代・男性）

解説補足

この年の国家公務員合同初任研修開講式の訓示では所得倍増計画を生み出した下村治の、現場を大切にする姿勢が紹介されました。「美しい言葉をいくら重ねても、結果が出なければ意味はありません。立派に見える政策であっても、紙の報告書自体には何の価値もありません」「皆が失敗を恐れて何もしない。チャレンジを避けるような国に未来などありません」といった言葉が心に残ります。

86

時代が令和へと変わった今、日本人は、なかんずく日本の若者たちは、未来に光を見て、再び面を上げ、歩みを始めました。日本自身の、そして拡大アジアの、明るい way of life をその手につかみながら。

2019.5.30
第25回国際交流会議「アジアの未来」

選んだ理由

アジア各国の首相を含むリーダーが集まる場で、「なかんずく日本の若者たちは」とあえて言葉にしてくださったことに応えたいと思い、この言葉を選びました。今上天皇の御即位、令和の始まりという節目で、私たちの手で日本だけでなくアジアも明るい未来にしてほしいという想いを受け取りました。公の心で行動していきます。（20代・女性）

解説補足

新元号「令和」は、ray（差し込む一条の光線）の響きが想起されると海外の方から言われたエピソードが紹介されました。そしてrayの「前途に、光を見て歩む。面を上げて、希望の日の光が差す方へと駆けていく」というイメージは、高度経済成長を支えた人々のway of lifeであったと述べます。そしてそのway of lifeは１９８０年代にはＡＳＥＡＮ地域、今はインド太平洋一円に広がっているとも語ります。新元号を受けて、未来への期待が表れている言葉だと思います。

87

適者生存という言葉があります。生存競争で勝ち残ることができるのは、最も力がある者ではありません。その環境に最も適応した者。すなわち、環境の変化に柔軟かつ迅速に対応できた者です。

2019.3.17
平成30年度 防衛大学校卒業式

選んだ理由

世の中は望んでいなくてもすごいスピードで変化していくからこそ、その変化に対応できないと日本も自分も勝てなくなっていく。コンサルタントとして働いているので、まさに日本の企業を今の時代の変化についていけるように改革をしていくことが自分の仕事だと感じた。（20代・女性）

解説補足

安倍元総理は変化の重要性を絶えず強調していました。2014年4月のジャパン・サミットでのコメントを紹介したいと思います。「守りたい伝統や、国柄が、私にはあります。夕陽を水面にたたえ、黄金色に染まった棚田の美しさ。災害や、危機に臨んでこそ発揮される、日本の人々が持つ、助け合いの心。しかし、競争から身を遠ざけ、心に高い堤を巡らせば、日本のこうした、いわゆる醇風美俗が守れるわけではありません。むしろ競争に身をさらし、寒風に打ち勝っていく粘り腰を鍛えることこそが、大切でしょう」

88

日本の将来を担う子どもたちは、国の一番の宝です。我が国の教育を立て直し、世界トップレベルの学力、規範意識、歴史や文化を尊重する態度を取り戻すため、教育の再生を進めます。

2013.1.1
平成25年 年頭所感

選んだ理由

最近の政治家で「国の宝は子供」と言う人は少ないように思います。本気で国の将来を考えているのだなと伝わってきました。歴史や文化を尊重する態度を取り戻すため、教育の再生が必要なのだという言葉も印象的でした。改めて我々大人がどうしなければならないのかを考えさせられるメッセージです。（20代・女性）

解説補足

総理大臣に復帰した最初の記者会見で安倍元総理が、東日本大震災からの復興、経済の再生、国益を守る外交に次いで挙げたのが「子供たちの命と未来の危機」でした。「現在、子供たちの命と未来が危機的な状況にあります。いじめや学力の低下など、さまざまな問題により、危機に瀕している教育の再生は政治の責任であります。…子供たちに世界トップレベルの学力と規範意識、歴史や文化を尊重する態度を育んでまいります」と決意を示しました。

89

さまざまな事情や困難を抱える人たちも含め、挑戦する意欲を持つ人が就職や学習に積極的にチャレンジできるよう、取りまとめた再チャレンジ支援総合プランに基づき、全力を挙げて取り組みます。

2007.1.26
第166回国会　施政方針演説

選んだ理由

貧困や文化の違いから学校に行くことができない子供が多くいると、学校で習いました。子供たちが勉強したいと言っていたのを見て、家庭環境等で子供が本領を発揮できないのはもったいない、また、少しでも環境改善されればいいと思っていました。この思いに当てはまったのがこの言葉だと感じ、選びました。

(10代・女性)

解説補足

第一次政権時代の言葉です。この演説では新卒一括採用システムの見直し、パート労働者への社会保険の適用拡大、再チャレンジ職場体験制度の創設、ベテラン人材の再雇用、個人保証に過度に依存しない融資制度等が言及されています。この施政方針演説では「美しい国、日本」など安倍元総理の考えが色濃く表現されています。安倍元総理は「私が目指す美しい国、日本を実現するためには、次代を背負って立つ子供や若者の育成が不可欠です」と考えていました。

90

子供たちの誰もが、自信を持って、学び、成長できる環境をつくる。これは、私たち大人の責任です。

2015.2.12
第189回国会　施政方針演説

選んだ理由

現在、子供たちの未来が家庭の事情によって左右されることがあります。それによって働きたい職業への挑戦を断念したりする子供たちもいます。そのようなことを起こさないためにも多様な生き方を受け入れ、認め合う社会を目指すことが大切だと思い、この言葉を選びました。（10代・男性）

解説補足

子供たちのために大人にすべきことがあると安倍元総理は語ります。別のスピーチでは、「子どもたちの誰もが、夢に向かって頑張ることができる。これが当たり前となる社会を創ることは、私たち大人の責任であります」「次の世代を担う子供たちのために、より良い世界を築く。これは、政治家たる者の共通の務めであります。そして、世界中のどの国のリーダーもその決意は変わらない、と信じます」と語っていました。

91

勝ち組と負け組が固定化せず、働き方、学び方、暮らし方が多様で複線化している社会、すなわち、チャンスにあふれ、だれでも何度でもチャレンジが可能な社会をつくり上げる。

2006.9.29
第165回国会　所信表明演説

選んだ理由

親ガチャという言葉が表すように、両親の経済状況が子の成長を左右することもある現代で、勝ち負けが固定化せずに何度でもチャレンジできる社会をつくろうとする姿勢と、ご自身が何度もチャレンジしてきた様に感銘を受け、この言葉を選びました。（20代・男性）

解説補足

代表的な著書である『美しい国へ』の最後の章に「再チャレンジの可能な社会へ」として「わたしたちが進めている改革は、頑張った人、汗を流した人、一生懸命知恵を出した人が報われる社会をつくることである」「一回の失敗で人生の決まる単線的社会から、働き方、学び方、暮らし方が複線化された社会に変えていきたいと思う」と述べています。再チャレンジ社会への取り組みは、この演説から10年以上たった後の幼児教育・高等教育の無償化、全世代型の社会保障制度の構築など一億総活躍社会への施策として形になっています。

92

若者たちが、自分たちの可能性をさらに伸ばし、そして、その可能性が発揮される職場を見つけることができるよう、応援してまいります。

2013.4.19
成長戦略スピーチ

選んだ理由

学業とキャリアの両方を目指す若者を応援するというメッセージに共感しました。若者により多くの選択肢を与えようとされる姿勢が印象に残りました。（20代・女性）

解説補足

このスピーチは成長戦略に関するものです。安倍元総理は全ての人が意欲さえあれば活躍できる社会への成長戦略として、雇用労働対策、若者のキャリア支援、女性の活躍促進、待機児童解消、職場復帰支援などを発表しました。別のスピーチでは「高齢化の急速な進展は、一見すればピンチですが、意欲ある若者にバトンタッチできれば、構造改革に一気にドライブできるチャンスになると私は思います」とも述べています。若者の応援は日本の成長戦略である、そのような考え方が安倍元総理にあったのではないかと推察します。

93

最初から、世界の舞台に飛び込み、世界チャンピオンを目指す。そうした発想へと転換することで、日本は、更なる「可能性」を開花できるはずです。

2015.12.14
内外情勢調査会

選んだ理由

世界に挑戦するなど、大きな目標から物事を考えるのか、それとも小さな視点から考えるのかで、結果は大きく変わると思いました。国内に留まらず、世界を意識して生きる。より高みを目指し、ステップアップしていく生き方を目指したいと思います。(30代・男性)

解説補足

このスピーチでもテニスの錦織圭選手やフィギュアスケートの羽生結弦選手のエピソードを紹介すると共に、「もはや、まず国内でチャンピオンになってから世界へ、という考え方は、時代遅れ」と語ります。「世界のトッププレイヤーたちに囲まれて、成長してきました。だから、世界の檜舞台でも物怖じしない。世界と対等に渡り合うのは、錦織選手にとって、特別なことではなく、日常のことです」という言葉も印象的でした。

94

先人たちから受け継いだ我が国の平和と繁栄は、必ずや守り抜いていく。そして、新しい令和の時代にふさわしい、希望にあふれ、誇りある日本を創り上げ、次の世代へと引き渡していく。

2019.10.4
第200回国会　所信表明演説

選んだ理由

日本は悠久の歴史をもつ、まさに縦の糸で繋がっている国だと思います。今を生きる私たちはその誇りを胸に、令和という新しい時代に、一人ひとりが為すべきことを考え、実行していかなければなりません。国民に希望と誇りを与えてくれる、安倍元総理ならではの強い決意が表れた言葉だと思います。（30代・男性）

解説補足

第200回国会の所信表明演説では、日本国憲法下の第1回の国会、昭和22年に思いを馳せることから始まります。「日本国憲法の下、第1回の国会、初の国会が開かれた昭和22年、戦争で全てを失った我が国は、いまだ、塗炭の苦しみの中にありました。しかし、この議場に集った先人たちのまなざしは、ただ未来にのみ向けられていた。ひたすらにこの国の未来を信じ、大きな責任感の下に議論を重ね、…力強い復興を成し遂げました。高度成長を実現し、平和で豊かな日本を、今を生きる私たちに引き渡してくれました」と語りました。

95

決して私が特別優れた人間だったからではありません。残念ながら特別強かったからでもない。ただ一点決して諦めなかったからです。そして、諦めない勇気をもらったからです。

2022.3.19
近畿大学卒業式

選んだ理由

稀代のリーダーと呼ばれた安倍元総理でも挫折を経験し、再び立ち上がれた理由を決して諦めなかったことと、その勇気を貫ったことだという。何かとチャレンジしにくい今の世の中で、何度でも挑戦する気持ちと、周りの人に勇気を与えることができるような優しい気持ちが必要だということを教えてくれている気がします。(30代・男性)

解説補足

若者が選んだ安倍元総理の言葉のうち最も多かったのが、この近畿大学卒業式のメッセージでした。懸命に頑張る被災者の姿に接し、被災地の復興、強い経済を取り戻すことを自身の使命であると決意したと語られます。他の人々から諦めない勇気をもらったからこそ、決して諦めなかったということでしょう。成功と失敗を隔てるものは、いつ諦めてしまったかにあると言えるのかもしれません。

96

変化の一年となることが予想されます。そうした先の見えない時代にあって、大切なことは、ぶれないこと。これまでの軸をしっかりと貫いていくことです。

2017.1.4
平成29年 年頭記者会見

選んだ理由

一見すると当たり前のようだが、信頼を得て国を正しい方向へ導くために必要なことであると改めて感じました。変化の激しい混沌とした世の中を生きていく私たちにとって必要なのは、信じて進むこと。安倍元総理の国民を信じ、正しい方向へと導く強い覚悟が伝わりました。(10代・男性)

解説補足

この年頭記者会見ではキョクアジサシというカモメ科で最も長い距離を季節移動する渡り鳥が取り上げられました。この鳥は冬になると南極に渡って餌をとり、夏には繁殖のため北極へと渡ります。途方もない距離を渡る鳥も全ては子や孫の代へと命を繋ぐため、自らの翼で飛び立ち、自らの力で海を渡り切ります。この年頭記者会見では「私たちの子や孫、その先の未来」への言及が印象的でした。安倍元総理にとってぶれないことの前提には、キョクアジサシの如く「私たちの子や孫、その先の未来」への視点があったのかもしれません。

97

知と行は二つにして一つ。実践を重んじ、明治維新の原動力となる志士たちを育てた、吉田松陰先生の言葉です。

2015.2.12
第189回国会　施政方針演説

選んだ理由

知識と実行どちらかではなく、二つで一つという言葉はとても納得感がありました。またこの言葉を引用した安倍元総理の考え方でもあると感じ、この言葉を選びました。実行、実践への拘《こだわ》りはこれからの私の課題です。（20代・女性）

解説補足

安倍元総理は吉田松陰を尊敬していました。学は人たるゆえんを学ぶなり（人格形成をしていくことこそ学問である）、自ら反りみて縮くんば、千万人と雖も吾往かん（自ら自省してみて、これは間違っていないんだという確信を持てば、断固として、断じて行う）、天下の大患の大患たるゆえんは大患たるを知らざるにある（世の中の一番大きな問題は、その大きな問題があることを知らないことにある）といった言葉が国会発言にて引用されています。

98

将来直面するであろう「危機」に臨んでは、右と左とを足して二で割るような結論が、こうした状況に真に適合したものとはならない。

2007.3.18
平成18年度 防衛大学校卒業式

選んだ理由

平時では様々なステークホルダーとの利害調整で物事が進むかもしれませんが、この言葉通り、危機や有事では必ずしも現状の延長や、総花的な考えでは成り立たないと思います。そして「将来直面するであろう『危機』」という言葉にも考えさせられました。（20代・男性）

解説補足

この訓示ではチャーチルの回顧録が引用されました。「慎重と自制を説く忠言が、いかに致命的危険の主因となり得るか、また、安全と平穏の生活を求めて採用された中道は、いかに災害の中心点へ結びつくかを、われわれは知るであろう」。チェンバレン内閣における宥和政策を始め第二次世界大戦に至る様々な事件を自らの体験に照らした上での表現です。この言葉を踏まえ、安倍元総理は「様々な情報を幅広く収集し、情報を的確に分析し、時に応じて自らの信じるところに従って的確な決断をすることが必要となるのです」と語りました。

99

新しい国づくりにともにチャレンジしたいと願うすべての国民の皆様に参加していただきたいと思います。

2006.9.29
所信表明演説

選んだ理由

一人ひとり生まれ持った能力や育った環境が異なり、結果として社会に貢献できる広さと深さは人それぞれだと思いますが、全ての人が自身の個性を生かして活躍できる社会を私も創っていきたいと考えさせられました。（30代・男性）

解説補足

初の戦後生まれの総理として期待を一身に背負った安倍元総理は「私たちの国日本は、世界に誇り得る美しい自然に恵まれた長い歴史、文化、伝統を持つ国です。その静かな誇りを胸に、今、新たな国づくりに向けて歩み出すときがやってきました」と述べ、新しい国づくりにともにチャレンジしたいと願う全ての国民の参加を呼びかけました。数々の重要施策が進んだ一方で、わずか1年で第一次政権は終わりを迎えます。新しい国づくりは国民と共にあるものでした。そしてその挫折は単なる一政権の交代に留まるものではなかったのではないかと思います。

100

皆さんの溢れる若い力で
よりよい世界を
創ってください。

2022.3.19
近畿大学卒業式

選んだ理由

私はこの言葉を忘れません。安倍晋三先生の志を継承することは実践することだと考えます。日本を取り戻すための戦い、このバトンは今や私たち若い世代の前にあります。日本を取り戻し、日本をつくる、そして日本を後世に繋ぐ。大きな取り組みに若い世代を巻き込みながらチャレンジします。（30代・男性）

解説補足

安倍元総理は、政治は未来のためにあると考えていました。「未来とは希望である。そう心から確信できる若者を育てることこそは、国を率いる者全てにとって最も重い責務です」との言葉も残しています。著書『美しい国へ』の終わりには、政策提言のためではなく、この国を自信と誇りの持てる国にしたいという気持ちを少しでも若い世代に伝えたいと思い、同書を書いたと記されています。受け継ぐ人がいる限り、その志は消えることはなく、後進の奮起によって成就という実をつけます。未来は私たちが何をするかにかかっています。

寄稿　小川榮太郎（文藝評論家／一般社団法人日本平和学研究所理事長）

間もなく安倍晋三さんの三回忌を迎える。

早いものだ。

早過ぎる時の流れだ。

その忌日に合わせ、日頃親しくしている徳本進之介君が、『若者が選んだ安倍晋三100のことば』を自らの責任編集で出してくれるという。

縁の連なりに思いを馳せれば、感慨はあまりにも深い。

徳本君が私の前に現れたのは、平成二十四（二〇一二）年の春だった。

そう、それは私が多くの若い諸君らと安倍晋三氏の総理大臣再登板運動に人生を捧げていた最中、徳本君もまたそうした安倍氏応援にはせ参じてくれた若者の一人だったのである。

安倍さんは、第一次政権において戦後レジームからの脱却を正面から掲げ、霞が関や朝日新聞など戦後日本の既得権および戦後イデオロギーの牙城だった勢力から総攻撃を受けて持病を再発され、退陣に追い込まれ、失脚中だった。

思い出して欲しい、あの頃のことを。

平成二十三（二〇一一）年三月十一日、東日本大震災が起きた。死者・行方不明者は二万人を超え、百十五万棟もの建物が損壊するという未曽有の大惨事をもたらした。

巨大な津波が大地を呑み込み、家々を、街々を呑み込んでゆく、あの映像。福島第一原発が燃え盛っている恐ろしい映像……。信じ難い非日常の光景が、まさに今その瞬間の出来事として、眼前で展開していたあの時空間。私たち日本人のみならず、世界の人々が、あの福島原発が炎上している映像をどういう思いで見守り続けたことだろう。

東京は節電で、電気が止まり、放射能汚染の可能性が喧伝されて人の流れはほぼ消滅し、さながら巨大なゴーストタウンと化した。日本の前途そのものが見えなくなった。

私は、都心のビルがすべて消灯している異様な空間の中で、毎晩、一群の若者たちと鳩首《きゅうしゅ》会合を持っていた。若い無名無力の集団。しかし、幾日経ち、幾週間経っても救出されない被災地の惨状、機能の復帰しない首都、統治能力を全く失ったまま、独善に迷走し続ける民主党菅直人政権の悪夢……。

これ以上、民主党政権が続けば、東日本大震災からの復興の遅れのみならず、日本はあらゆる側面で停滞し、ついに沈没してしまうのではないか。この思いが私を領し、毎日、ただその焦燥のみを食って生きているような有様だった。

そして、私の脳裏にある日、一人の名前が閃く。

安倍晋三――。震災から四ヶ月後の七月である。

民主党政権をいかに批判しようとも、菅直人氏を断罪しようとも、世の中は変わらない。

では、政策を提言してはどうか。最初、私はそうしようとした。が、能力のない腐敗した政権に何をどう建言しても仕方あるまい。人なくして政策は生きない。

その上、私たちの非力さときたら。

これは今でもそうなのだが、私は、国を動かすような大きな目論見では、梃《てこ》の原理を使う。多くの人が政治的発言や政治的な運動に従事するが、それは大抵自己目的化し、自己満足に終わる。YouTubeなどでの発言は勿論、選挙に出たり、政党を結成したり、はでなデモンストレーションをしたとしても、国政上の問題を解決することは殆《ほとん》どできない。すべて政治ショーというビジネスに過ぎない。

私は文藝と思想の徒であって政治家になるつもりは全くない。そうした人間が政治的な志を遂げるには、どうしたらいいのか。それにふさわしい玉を奉じる――端的に言えば現実に総理たり得る善き人を立てる――しかないのではないか。

私の思考回路はそう働く。

安倍氏は、その頃、突然政権を放り出した無責任な坊ちゃん総理とのレッテルを張られていた。が、戦後レジームからの脱却を正面から掲げ、反戦後イデオロギー派の旗頭であったために、潰されたというのが真実に近い。

戦後日本は土台が捻じれている。政治上の体制は自主憲法制定を掲げる自民党政権が長年握っているが、イデオロギー上の権力は、アカデミズム、出版・メディア、教育など共産色の強い反日左派が牛耳ってきた。選挙のある民主主義国家で、反対勢力に学術と情報を握られていては政権の力は限定されてしまう。歴代自民党政権は、左派勢力の攻撃を恐れ、国家観や国防など、国家の本質から目を逸らし続けてきたのだった。

第一次政権における安倍さんは、そうした長年の自民党と戦後イデオロギーの馴れ合いを、戦後初めて正面からぶち壊した。防衛庁の省昇格、教育基本法の改正、憲法改正国民投票法の制定を矢継ぎ早に成し遂げた。その結果、政権は闇僚不祥事、消えた年金問題などで、叩きのめされ通した。閣僚から自殺者さえ出し、ついに安倍さん本人が重篤な持病に倒れてしまった。

私が安倍さんの前に現れたのはそれから数年後の事である。

私は、誰に言われるともなく、天啓のように安倍さんの再登板運動を起こす事を決め、現実に可能な再登板のプログラム案を起草した。題して project A。それが安倍さんの手元に渡り、面会したのは震災から半年後の9月だった。それから総理就任までのドラマは、奇《く》しくも今回同様、幻冬舎の見城徹社長が出版を決断してくださった『約束の日――安倍晋三試論』『国家の命運――安倍政権奇跡のドキュメント』に記してあるから繰り返さない。

＊

徳本君に出会ったのは、その project A の一環、安倍晋三を若い世代に浸透させる一連のプログラムの中でだった。

私の周囲で運動を展開してくれている若者たちの縁から、大学生の諸団体が安倍さんと学生との様々なセッションを企画してくれる機会が増えていった。当時、早稲田の学生だった徳本君は、そうした学生グループを束ねる一人だった。大学生離れした風貌の寡黙な男だったが、大阪で安倍さんを呼ぶ講演イベントを企画してくれ、彼は数百人の若者を動員してくれたのだった。確か安倍さんはこの講演日程に合わせて「たかじんのそこまで言って委員会」というテレビ番組の収録を入れたのだったと思う。講演後、安倍氏は収録に向かったが、若い諸君の反応がよほど気に入ったのか、懇親会にわざわざ戻って会場を沸かせた事をよく覚えている。

その徳本君が再び私の前に現れたのは丁度10年後、安倍さんが凶弾に斃れる五日前、ヤマトタケルを舞台化した上演の時だった。これも奇しき縁というほかはないであろう。この時はヤマトタケルと安倍さんを重ねる気持はなかったし、直後に安倍さんが非業の死を遂げる事も、その死後に徳本君が安倍さんの志を継ぐ若者たちの集まりを束ねるリーダーになってくれる事も、思いも寄らなかった。

本書は、徳本君ら若い諸君の思いを通じて描かれた新しい安倍晋三の肖像だと思う。

安倍さんが日本のリーダーとして、若い世代のために日本の土台を作り替え、希望を持ち得る国にしてくれたことへの感謝が、その底には流れているのだろう。

森友・加計問題以来の、そして没後になされた旧統一教会と安倍氏を結び付ける虚偽の安倍晋三像——一点の曇りもない人だった安倍さんをあらゆる姑息な嘘で穢《けが》そうとする歴史の改竄《かいざん》への、本書はささやかな抵抗でもある。

ここには、等身大の安倍さんがいる。

全力で国家の問題に取り組み、その思いを一人の人間として言葉に託し続けた人の、そのままの表情が本書には溢れている。

安倍さんが最後の頃の演説で、必ず用いたフレーズがある。

「今、日本は世界でも最も厳しい安全保障環境にある」という一文である。

直前まで現職総理だった人の発言としては、あまりにも苛烈な言葉だ。

ウクライナ戦争が勃発し、中東危機が絶えず顕在していても、なお日本が「世界で最も厳しい安全保障環境にある」と言えるのだろうか?

残念ながらこれは真実である。

日本は近隣に中国、ロシア、北朝鮮という日本に敵対的で、核を保有する独裁国家を3ヶ国も有している。欧州の北大西洋条約機構は、32ヶ国の軍事同盟でロシア一国の核に対抗している。日本は周囲を海に囲まれた孤立無援の中で3ヶ国の最先端の核兵器に晒されている、それも我が方は核武装なしで。

安倍さんによる「戦後レジームからの脱却」は、日本の国家主権と安全をしっかり日本の手中に取り戻す為の戦いだったが、反日工作機関と化したかのようなメディアの抵抗を受け続けた果てに、氏自身がまるで人柱のように、戦いの最中に斃れた。

若い諸君に「世界で最も危険な安全保障環境」を手渡さざるを得ないまま非業の死を遂げた事を安倍さんは無念に思っておいでだろう。

安倍さんの思いを受け継ぐとは、「世界で最も危険な安全保障環境」をどう切り抜け、その先に「美しい国、日本」をどう紡ぎ続けてゆくかに、自ら直面することである。

逃れ得ぬ厳しい現実だが、安倍さんはリアリストであるだけでなく、楽天家でもあった事を最後に付け加えておこう。

天の安倍さんが、にこにこ笑いながらこの本を手に取って、「君たちならできるんじゃないか。俺の志をしっかり継いでさ……」と、あの懐かしい口調で語りかけておられることを思い描きつつ筆を擱《お》く。

寄稿　安倍昭恵

2012年総裁選挙の前、「安倍晋三は出馬したところで負ける。負けるようなことがあれば政治家としての未来が絶たれかねないので今回は出るべきではない」というのが、主人を心配する周りの多くの人達の意見でした。

本人も迷っている様子で、どう思うか私に聞いてきました。心の中では既に決めていたのだと思いますが、私は今回負けたらどうするのかと聞いてみたところ、「全力で戦って負けるのなら仕方がない。でもそれで終わりではない。また挑戦する。何度でも挑戦すれば良い」と言っていました。

多くの人の当初の予想を覆す形で当選。2度目の総理という再チャレンジがスタートしました。

総理大臣は国を背負った責任ある仕事です。気を抜くことは許されず常に大きな課題を目の前に、批判に晒されながらも日本国のために突き進んでいた主人の姿を今も思い出します。難しいことも諦めずに果敢に挑戦し続けていました。

安倍晋三の67年の人生は病気との闘いも含めて挑戦の連続だったのでしょう。

政治家にとって演説は重要です。主人は言葉をとても大切にし、ここぞという時の演説は何度も何度も練習していました。

他界した後も視聴され続けている動画や、新聞、雑誌の取材など様々なところで語ってきた言葉も、若い人達の目に触れて感じてもらうことで新たな命が吹き込まれているようです。選んで下さった１００の言葉を読んでいると安倍晋三の魂が今も生きていて、命をかけて守りたかったものの種が次世代を担う若い人達の中で確かに芽生え始めているように思えます。

これからも多くの方にその時その時の自分の状況に合った言葉を選び、人生の糧《かて》にしていただければ嬉しいです。

主人が亡くなる約1ヶ月前に私は還暦を迎えました。その時プレゼントに添えられていたバースデーカードには結婚してからの思い出と感謝の言葉が綴られていました。

「よく頑張ったね、ほんとうにありがとう」。私にとっては一番の言葉です。

主人と結婚し多くのことを経験することが出来たことに感謝し、私も夢と希望に溢れた誇りある日本を取り戻すために力を尽くしていきたいと思います。

この本の企画を考え安倍晋三の膨大な言葉を探して下さった皆様、その中から自分に合った言葉を選んで下さった皆様、素敵な本を作っていただき本当にありがとうございます。

主人に代わって心より御礼申し上げます。

安倍昭恵

年	安倍晋三 年表	日本・世界情勢
1954	**東京都内の病院で誕生**	
1956		国際連合加盟
1960		日米新安全保障条約調印
1964		東京オリンピック開催
1971		沖縄返還協定調印
1977	成蹊大学法学部政治学科卒業	
1979	神戸製鋼所入社	
1982	安倍晋太郎外相の秘書官就任	
1987	**松崎昭雄の長女・昭恵さんと結婚**	
1991	安倍晋太郎氏が死去	ソビエト連邦崩壊、湾岸戦争
1993	**山口1区より立候補、衆議院議員初当選**	
1995		阪神・淡路大震災
1996	自民党 青年局長に就任	
1997	日本の前途と歴史教育を考える若手議員の会を設立	
2000	第二次森内閣 官房副長官に就任	
2001		米国で同時多発テロ

2002	北朝鮮に拉致された日本人を早期に救出するために行動する議員連盟を設立 **小泉首相訪朝に同行**	
2003	自民党 幹事長に就任	イラク戦争
2005	第三次小泉改造内閣 官房長官に就任	
2006	**自民党総裁に就任、第一次安倍内閣発足** 防衛省・省昇格法、教育基本法改正、国民投票法 成立	北朝鮮 核実験
2007	辞任	
2008		リーマン・ショック
2009		北朝鮮 核実験
2010	真・保守政策研究会 会長に就任	
2011		東日本大震災
2012	**自民党総裁選挙で勝利、総裁に就任** 第二次安倍内閣発足	
2013	政府と日銀が「アベノミクス」共同声明発表 環太平洋戦略的経済連携協定への交渉参加を正式表明 **硫黄島・父島訪問** **2020年の東京夏季五輪・パラリンピック開催が決定** 国家安全保障会議、特定秘密保護法の成立 靖國神社を参拝	北朝鮮 核実験

2014	消費税率が5%から8%に引き上げ 政府が河野談話作成過程の検証結果を公表 政府が集団的自衛権の行使容認を閣議決定 豪州国会両院総会で演説 第三次安倍内閣発足	ロシアによるクリミア併合
2015	**米議会の上下両院合同会議で演説** 戦後70年の談話を閣議決定 安全保障関連法、参院で成立	イスラム国による日本人人質殺害事件
2016	**三重県で伊勢志摩サミットを開催** ニッポン一億総活躍プラン、日本再興戦略を決定 NYで米・トランプ次期大統領と会談 長門市で露・プーチン大統領と会談、共同経済活動実施に向けた協議開始で合意 **ハワイの真珠湾を訪問し、慰霊後の演説で不戦の誓いを表明**	北朝鮮 核実験 イギリスの欧州連合離脱に関する国民投票
2017	憲法改正を実現し、20年の施行を目指す方針を表明 天皇陛下の退位を実現する特例法、参院で成立 第四次安倍内閣発足 日本や豪州などTPP参加11カ国が米国を除く新協定の大筋合意を正式発表	

2018	働き方改革関連法、TPP関連法、参院で成立 日欧EPA調印 中国を公式訪問し首脳会談	
2019	**政府、新元号を「令和」と決定** イランを訪問、ロハニ大統領と会談、ハメネイ師と会談 大阪市で日本初開催のG20首脳会議 即位礼正殿の儀	徳仁親王殿下、第126代天皇に即位
2020	厚労省、国内初の新型コロナ感染者を確認 ダイヤモンド・プリンセスが横浜港に帰港 全国の小中高校などに3月2日から春休みまでの臨時休校を要請 新型インフルエンザ等対策特別措置法公布 東京都など7都道府県に緊急事態宣言を発令 辞任の意思表明 敵基地反撃能力を念頭に談話を発表 靖國神社に参拝	
2022	ニュークリア・シェアリングに言及 死去 **国葬儀**	ロシアによるウクライナ侵攻

あとがき

私の7月8日

2022年7月8日「安倍元首相が銃撃され心肺停止の後、死去」

衝撃的なニュースだった。喪失感、悲しみ、前途への不安。筆舌し難い感情を抱えながら、私は、後ろ髪を引かれる思いで、海外出張のため国際線に搭乗した。

出張先のロンドンについた時、そこは既に安倍晋三のいない世界であった。

ヒースロー空港からタクシーに乗り、global wifiを繋ぎ、ニュースを確認する。世界各国がこの残酷な事件と、日本、世界に対する影響を懸念していた。そして安倍元総理の功績を讃えていた。

岸田文雄内閣総理大臣の言葉が心に沁《し》みた。

「安倍元総理は憲政史上最長となる8年8か月にわたり内閣総理大臣の重責を担われ、卓越したリーダーシップ、実行力によって、厳しい内外情勢に直面する我が国を導かれました。我が国が長年苦しんできたデフレからの脱却を目指した『3本の矢』からなる経済政策、さらには国際情勢大変厳しい中にあって、『自由で開かれたインド太平洋』の実現に向けた取組、さらには平和安全法制の整備など、我が国の、そして世界の平和と安定のために努力され、その礎を築かれた」

安倍元総理の功績はまさに、日本と世界における平和と安定のための礎を築かれた点にある。

ロンドン滞在中に、安倍元総理がかつて金融街シティのギルドホールで講演したことがあると聞き、初めてその全文を読んだ。第二次政権初期（2013年）のその講演は、高橋是清のデフレ対策を紹介し、強い政治的意志の重要性を説くところから始まる。

「日本は、ルールに基づいた、平和で、安定した世界秩序を育てる責任を負う国です。そんな国が縮んでしまうことは、それ自体が、既に一種の『罪』だとも言えます」

「今度こそ、日本をいい国、強い国にして、次の世代に渡すことができないようでは、いままで生きてきた意味がありません」

当時、ホテルでこのスピーチを読み、自然と涙が出てきたのを覚えている。日本の可能性を誰よりも信じていた、その力強いことばに勇気づけられた。そしてその人は既にこの世にいないのだ。

君たちは何を成すのか。この世に何を遺すのか。安倍元総理にそう問われている気がした。

なぜ「ことば」なのか

海外から帰国した私が目にした報道は、実行犯の社会的背景に関するものばかりであった。さながら不思議の国に迷い込んだかのようだった。また、国葬儀や一周忌と時が経っても、安倍元総理を取り巻く言論は停滞しているように見えた。曰く「安倍元総理がいれば」「安倍元総理の頃は」「安倍政権のせいで」「安倍政権の功罪は」等々。

勿論、政治は道徳的な目的のためのプラグマティックな行為である以上、立場や尺度によって評価は分かれるだろうし、論評は歴史の審判が下されるまで続くのだろう。

ただ、私たちの目の前には、安倍元総理がいうところの「世界で最も厳しい安全保障環境にある日本」「人口が減っていけば持続的成長は見込めない日本」が残されている。そして私たち若い世代は、この現実に直面し、切実な問題として引き受ける宿命にある。

安倍元総理はその生涯で多くの「ことば」を遺し、世の中を変え、多くの人々に影響を与えた。その「ことば」は、いかにして生まれ、どんな未来を見据えていたのか。

安倍元総理の「ことば」を通じ、今日の課題を改めて考え、未来に対し自分なりの当事者意識を持つ。これが私たちなりの「受け継ぐ」やり方だと考え、有志で企画を立てたのが、プロジェクトの始まりだった。

安倍元総理のスピーチを第一次政権まで遡り、アーカイブした安倍元総理のスピーチは400件超、まとめた資料は合計1700ページにも及んだ。プロジェクトを通じ、多くの出会いがあった。10代〜40代を中心に、場所は全国津々浦々、海外からも投稿を頂いた。多くの方に参画頂いたことに改めてお礼を申し上げたい。

安倍元総理の挑戦する姿勢や生き方に多くの若者が影響を受けていること、そして安倍元総理の実績に対する感謝を多数頂戴したことも付記しておきたい。

本書『若者が選んだ安倍晋三100のことば』は名言録であると同時に、若い世代の決意表明でもある。この国の未来を引き受けんとする心意気を感じて頂ければ、幸甚である。

安倍晋三デジタルミュージアムの開設

安倍元総理が遺した数多の「ことば」を若者が選び、自身の志や問題意識を考え、人生の糧とする「若者が選んだ安倍晋三のことば」プロジェクトと並行して、デジタル技術を用いて、安倍元総理の志や功績を、後世に遺す「安倍晋三デジタルミュージアム」(https://abeshinzo-digitalmuseum.com) の準備に取り組んできた。

安倍晋三デジタルミュージアムでは、複数コンテンツの準備を進めている。「生涯をふりかえる」コンテンツでは、生涯年表やリーダーとしての功績、写真・映像記録、「おもかげを偲ぶ」では、世界各国からの弔意やメッセージ、「ことばから感じる」では、400を超えるスピーチのアーカイブ、若者が選んだ安倍晋三のことば等の掲載を予定している。

安倍晋三デジタルミュージアムを訪れることで、安倍元総理の志や想い、人生の軌跡に想いを馳せることが出来るようなWebページを目指した。

今後は関係者へのインタビューを通じた歴史証言や歴史資料を蓄積するなど、後世の研究に資する取り組みを進めていく計画だ。安倍晋三デジタルミュージアムは、本書の出版と時を同じくして公開する予定であり、是非ご覧頂きたい。また現在は日本語対応のみだが、将来的には英語にも対応していく方針だ。

結びに

本書は多くの方のご理解とご協力のもと出版の運びとなった。全ての方のお名前は記せないが、主だった方のお名前を挙げて感謝を表したい。

いつも温かく朗らかに若い世代を応援してくださっている安倍昭恵様、今回出版に向けてのご縁を頂いた小川榮太郎先生にまずお礼を申し上げたい。お二人が語られた安倍元総理の様々なエピソード、次世代への期待に触発され、本プロジェクトが始動したと言っても過言ではない。吉田真次衆議院議員には、地元・山口の若い世代へのお声がけと、ご協力を頂いた。

安倍晋三デジタルミュージアムプロジェクトでは手弁当ながら膨大な作業と向き合ってくれた森友由氏、清水邦彬氏、米谷元貴氏、岡美希氏、守谷優希氏、西山蒼生氏らの協力は本当に心強かった。末尾となるが、出版のご縁を頂いた幻冬舎の見城徹社長、短期間での出版を実現してくれた幻冬舎編集本部第二編集局局長の鈴木恵美氏に心からの感謝を申し上げて、結びの言葉とさせて頂く。

発起人　徳本進之介

安倍晋三デジタルミュージアムプロジェクト

装　幀　南 剛（中曽根デザイン）
帯写真　自民党本部提供
ＤＴＰ　美創